书名题签：邱志杰

惠此中國

作为一个神性概念的中国

赵汀阳 著

The Making
and Becoming
of China:
its way of historicity

中信出版集团 | 北京

图书在版编目（CIP）数据

惠此中国——作为一个神性概念的中国 / 赵汀阳著
. —北京：中信出版社，2016.6（2025.5 重印）
ISBN 978-7-5086-6136-0

I. ①惠… II. ①赵… III. ①哲学—研究—中国
IV. ① B2

中国版本图书馆 CIP 数据核字（2016）第 083788 号

惠此中国——作为一个神性概念的中国
著者： 赵汀阳
出版发行：中信出版集团股份有限公司
（北京市朝阳区东三环北路 27 号嘉铭中心 邮编 100020）
承印者： 北京盛通印刷股份有限公司

开本：880mm×1230mm 1/32 印张：6 字数：80 千字
版次：2016 年 6 月第 1 版 印次：2025 年 5 月第 8 次印刷
书号：ISBN 978–7–5086–6136–0
定价：42.00 元

“万物各就各位，我的祖先埋在远方。”

——舒可文:《氏族树》[1]

1 舒可文:《氏族树》，北京：中国人民大学出版社，1994年版，135页。

目录

前言

本书试图对中国的历史性给出一个哲学解释。中国的精神世界乃是经史一体，经史互为表里，离史无以言经，离经无以述史。因此，以哲学的方法论去思考何为中国，必涉及众多相关知识，涉及思想史、社会学、政治学、经济学、历史学、考古学、甲骨文、古文献、民族学等诸多问题，在这些方面，得到了李泽厚先生、裘锡圭先生、黄平、张宇燕、杨念群、许宏、张文江、李零、吕祥、关凯等诸位师友的帮助。特向诸位师友致谢。

另外，我要向苏秉琦先生致敬。苏秉琦先生提出的“满天星斗”概念不仅是对新石器时期的中国文明状态的传神描述，也是一个具有深刻思想性的解释模型，我将其作为思考中国的一个问题起点。许宏先生提出的“最早的中国”概念是另一个问题起点，尽管“最早的中国”应该是一个形成过程，未必有一个如同始发站的确然起点，但“最早的中国”的概念作为一个象征性的凝聚力起点仍然富有意义。我在本书中论证了一个“中国旋涡”的解释模型，用于解释商周以来至清朝的古代中国的生长方式，上接“满天星斗”之远古中国阶段而止于 1840 年（或者 1900 年）即将转型进入现代游戏的王朝暮年，其中的主要问题是古代中国如何形成一个具有难以拒绝的诱惑且一旦加入就难以脱身的博弈游戏，谓之“旋涡”，以及中国如何在旋涡中以“变在”存在论而创造了作为方法论的中国。

在此我还要特别感谢中信出版社的王斌先生、李楠女士和王文婷女士，他们为此书的出版尽心尽力。同时我也要感谢赵涛先生、何菊玲女士和王星女士，他们所在的杂志分别发表过此书的部分内容。艺术家邱志杰特为本书封面书写了“惠此中国”，我也要感谢他的高情厚谊。

《惠此中国》以及《天下的当代性》的相关课题研究都得到了凯风基金会和中信改革发展研究基金会的支持，在此一并致谢。

赵汀阳

2016年3月12日

述史以祭祖

如果一个文明的历史具有属于自身的生长线索和内在动力，或者说，具有把抽象的时间变成具体的历史的自觉意识、自主能力和创造模式，这种历史就具有“历史性”（historicity）[1]，非常接近中国历史观念中关于历史

1 历史性是源于德国和法国的历史哲学的一个核心概念，后来成为历史哲学和历史学的一个通用概念。各家的理解和解释基本相通而略有不同。我在这里对历史性的解释，既包含德法对历史性的一般理解，也加入中国思路的相关理解。

变化之“道”与“势”的概念，因此可以说，历史为文明运作之“事”，历史性为一种文明之“道”所内含之“势”。任何一个文明的历史性都表现为三个基本问题：何以如此？何以自立？又将如何？高更有一幅名画的题目表达了与此同构的三个问题：我们从哪里来？我们是谁？又到哪里去？这三个问题之间构成互相解释，其实可以合成一个存在论与历史哲学合一的问题：一种存在是如何被创作的？这意味着，对于具有自觉意识的存在（人类社会和文明）而言，存在不再是如其所是（as it is）的自然存在，而是具有历史性的历史存在，于是，“存在”（to be）的问题转换为等价于“因作而在”（to be made to be）的问题。“作”就是去创造一种“存在”的历史，也就是使一种存在成为不可还原（irreducible）为一般存在概念的历史性存在。

历史叙事总是一种主观解释，这一点几乎不可避免。除非完全排除其中的人文意义而写成类似自然史或动物史的叙事，可是那样的话又对人类历史的历史性无所说明，也就对生活意义毫无说明，绝非我们试图理解的历史。然而，历史解释不是私人趣味，而是共同命运的证词，因此，历史叙事的主观性必须被限制在一种具有客观约束的分析框架中。这意味着，历史解释必须选择（或者默认）一种哲学。不可怀疑的原则在于先验性，可是，历史性直接就拒绝了先验性。这是一个难题，甚至是一个悖论，但幸亏不是逻辑悖论，因此并非无解。维特根斯坦讲过，哲学解决问题无非就像给瓶中苍蝇指出逃离瓶子的瓶颈出口[1]。我试图为历史性找到的瓶颈出口是一种“存在论的约束”。

任何一种存在都不可能拒绝存在本身所蕴涵之意图，可称为存在的本意，即存在本身必然蕴涵的或曰“分析地蕴涵”（analytically implies）的存在诉求。分析地蕴涵意味着有一个逻辑标准，即排除任何附加含义而仅仅从x本身的含义推出x所必然蕴涵之性质。当把分析蕴涵用于存在论，我们发现，存在的本意就是“继续存在”，除此

---

1 Wittgenstein: *Philosophical Investigations*, § 309. The Macmillan company, 1964. 原文为：What is your aim in philosophy? To show the fly the way out of the fly-bottle.（路德维希 · 维特根斯坦：《哲学研究》，上海：上海人民出版社，2005 年版。——编者注）

无它，因此可以说，存在就是为了永在（to be is to be for good）。尽管任何一个历史性的存在的命运和故事都是偶然的，但都必然追求超越历史性的永在性[1]，而所有的偶然故事及其命运都因其永在的诉求而具有意义。

“存在论的约束”要求在理解一种存在的诸多诉求时，以存在的本意为准。当存在论问题被约束为关于人的存在论问题时，存在就落实为做事（to be is to do），无事可做就等于不存在。做事所谋者，必定是利于存在的最大资源或最大利益。经济学和博弈论通常所理解的最大利益指物质利益，物质利益肯定是生存之本，但未能全面表达生活所求。事实上，总有某些精神诉求也同样是必

1　存在追求永在，虽然是存在的内在追求，但在极端情况下则可能出现相反情况，为存在状态的变态，所以就有加缪的论断：“真正严肃的哲学问题只有一个：自杀。”而其他问题，“诸如世界有三个领域，精神有九种或十二种范畴”，或者“地球或太阳哪一个围绕着另一个转，从根本上说都是无关紧要的”。（见《西西弗的神话》，杜小真译，桂林：广西师范大学出版社，2002 年版，3 页。）自杀是一个违背存在本意的绝对例外，所以是真正的问题，加缪的洞见可谓深刻。但加缪把它看作是唯一问题却是错误的，因为自杀问题的意义和力度都基于存在问题的意义和力度，或者说，死所以能够成为根本问题，是因为生是根本问题。还是莎士比亚看得周全：生或死，这就是问题（to be or not to be, that is the question）。

要需求，即非要不可、宁死不弃的精神生活，因此，利于存在的最大资源应该理解为物质利益与精神利益两者合取（conjunction）的最大值，其中自有两者之间因事取宜、因时而变的比例平衡。

在人类生活中，存在论的约束具体表现为人类行为以理性选择为主导。表面上，喧嚣或变乱事件似乎在历史中最为显眼，因此容易产生一种错觉，以为非理性行为在创造历史。其实，最利于保证存在的是理性行为，出于存在之本意，人们最可能采取理性行为，事实说明，对人类生活具有长久决定性影响的生产方式、技术发明、制度创建、规则制定、习俗形成都是集体理性选择所致。按托马斯·谢林的说法以及肯·宾默尔（Ken Binmore）的解释，那些俗成之事都是人们一致选择所生成的"聚点"（focal points）[1]。因此，理性行为不是都付笑谈中的故事，而是真正需要理解的历史问题。集体理性选择正是

1　参见托马斯·谢林：《冲突的战略》，赵华等译，北京：华夏出版社，2011年版，48~51页；Ken Binmore: *Game Theory: A Very Short Introduction*, London: Oxford University Press, 2007, pp.58~60.

对历史性的建构，其理性表现为一种行为的可模仿性和可重复性。只有一种行为能够经得起普遍模仿和不断重复，才是能够形成存在方式的行为，或者说，才能形成长存的“人道”。具有可模仿性和可重复性的行为之所以是更为有效的存在方式，就在于此种行为模式不会导致报复（自取其祸），或者说，报复性趋于最小值，因而能够形成稳定连续的历史性[1]。

如果一个文明的历史回答不了自身历史性的问题，就意味着，或者其历史缺乏足以解释自身的能力而没有能够形成自身独立的历史性；或者因为无法恢复的历史断裂而失去了历史性；或者其历史一直附属于另一种具有支配力量或更大覆盖能力的历史。显然，一种文明的长存能力在于它自身具有一种难以解构而自足的“存在的秩序”（the order of being，沃格林用词），从而形成自足的历史性。一个自足的存在秩序必定来自一种自身生成的内在动力结构，而使其能够连续不断地

1 关于“普遍模仿”理论，可参见赵汀阳：《天下的当代性》，北京：中信出版社，2016年版，导论。

运行。这里要讨论的问题是：什么是构成中国历史性的内在动力结构?

作为历史之中国与作为地理之中国并不完全重合。在今天称之为中国的这片大地上曾经发生的历史并不完全属于中国的概念，其中在部分时间里发生的某些事情虽属今日中国之地，却不属于中国历史；另一方面，历史上部分时间里的中国地域曾经远大于今日中国之地，部分地域虽已不属于现代中国，却属于中国的历史。于是，在讨论中国概念时难免遇到命名混乱的问题。就今日的现实而言，中国同时是一个国家，一个文明和一个历史，但在时间上，作为一个国家的中国、作为一个文明的中国与作为一个历史的中国却不是同时发生的，而是逐步形成而最终合一的。究竟是何种力量、何种命运或何种理由使作为国家的中国、作为文明的中国及作为历史的中国凝聚为一个丰厚概念，其中必定有迹可循。

首先需要明确一些概念以及分析框架。许宏提出的

"最早的中国"[1]既是一个需要明确的概念，同时也是一个富有意义的问题。近年来关于最早中国的地点有着多个选项与争议，尚无定论，有待更多证据。也许对于考古学来说，地点问题很重要，但对于我们这里要讨论的问题而言，最早中国概念的理论意义更为重要，它意味着一个精神上的出发点，至于地理上的地点，只是一个象征。首先我们把"最早的中国"定义为：一个足以识别中国为中国的文明起点。它当然不是中国土地上出现的最早物质文明或技术文明，中国的初步技术文明远至万年前，但初步的技术文明尚未具有标志性的精神世界，因此只能说明某种发生于中国大地上的最早文明，却不足以说明最早的中国的概念，因此，最早中国的概念必须具有足以识别之"形"而含有中国生长之"势"，即已经蕴涵了中国的生长倾向。

我愿意借用格式塔心理学的"完形"概念来说明中

1 就我有限之所知，"最早的中国"这个简洁概念是许宏所提出的，但先前早有许多意思近似的说法或表述。事实上可以说中国之考古学以及历史性一直都在寻找最早的中国。（许宏：《最早的中国》，北京：科学出版社，2009 年版。——编者注）

国概念的形成（完形性非常接近中国的“势”的概念）：中国是一个不断生长的存在，在它尚未成熟之时，就已经具备了一些基本精神原则而形成完形之势，尽管仍有开阔的演化余地，但完形之势已经预示了完形的概念。中国形成其“完形性”至少需要达到三个条件的重叠：（1）中国大地上的万民开始有了共享的历史。共享的历史并不排斥每个族群或每个政治共同体在共享历史之外另有专属于自己的历史，所谓共享历史，是在分叉历史（forking histories）之交汇处由万民共同创作而成的历史，而不是单方面强加于人的线性历史（linear history）；（2）共享历史的基础是一个共同参与的博弈游戏，四方之民都对参加这个共同的博弈游戏所可能获得的利益回报感兴趣；（3）这个共同的博弈游戏有着足以保证其连续运行的条件。这三个条件的重叠能够大概预示中国概念的成形。同时，中国文明的“完形性”也需要满足三个条件的重叠：（1）初步形成一个精神世界的基本原则；（2）这个精神世界成为了共同博弈必争的精神资源；（3）这个精神世界具有开放的共享性，因此足以成为通用资源。如果不能满足以上条件，中国大地上的万民就不可能凝聚为中国之民，中国大地就不可能成为中国。

地理学意义上的中国历史可以追溯到新石器时代，那时在中国地域上，有着从辽河、蒙古、青海、甘肃到中原和长江流域的众多平行并立的初始文明，大概属于苏秉琦所说的“满天星斗”格局。那是一个复数分叉历史的时代，尚未交汇凝聚为一个共享的历史。那时各地文明之间虽有交流互动，但尚未形成一个共同参与的政治游戏，也就尚未整合为一种共同的政治秩序。关键在于，在形成一个共同的博弈游戏之前，断不可能形成一个共享的历史或共同的政治秩序，也就是说，仅有文化、信息和技术的交流互动并不足以形成共享的历史和共同的政治，因为文化交流不是文化合流的充分条件。真正形成文明核心而生成向心力的中国历史大概从夏商周之“三代”文明开始——中原何以成为万民所向的核心文明系统，正是需要解释的关键问题。许宏把二里头看作是“最早的中国”，这是一个颇具说服力的象征性起点，二里头很可能初步形成了中国概念的“完形性”（有待更多证据）。不过，三代之中国不是大一统模式的国家，而是一个世界性的“无外”天下，是一个在理论上潜在地容纳世界万国的天下体系，或者说是一个世界政治秩序。尽管当时的中国只是世界的一部分，却被想象为世界，并且以世界性的格局而存在，因此，三代的历史既是中国历史，同时也是世界历史。严格地说，天下的世界史只属于周朝，夏商可能已有了天下的想象和眼界，却尚未在事实上建立世界性的天下秩序。成为法定制度的天下体系实为周朝的创制，尽管在具有“厚古”精神的传统叙事中，天下秩序往往有名无实地追溯至尧舜禹汤，甚至象征性地追溯至黄帝。大一统模式的中国则是从秦朝开始而由汉朝巩固的[1]，秦朝放弃了天下秩序的古法，代之以大一统国家制度，自此，中国的世界史

1 “大一统”的概念出自《春秋公羊传 · 隐公元年》：“元年春王正月。元年者何？君之始年也。春者何？岁之始也。王者孰谓？谓文王也。曷为先言王而后言正月？王正月也。何言乎王正月？大一统也。”大一统原指历法之一统，而确定历法正朔的一统意味着政治的一统。大一统正式成为一个政治模式概念始于董仲舒。董仲舒曰：“春秋大一统者，天地之常经，古今之通谊也。”（《汉书 · 董仲舒传第二十六》）但这个说法并不符合历史事实，在秦朝之前，尚无大一统制度的发明。

结束了，而中国的国家史开始了。

虽然秦汉以来的历史格局不再是世界史而收敛为中国史，然而秦汉以来之大一统中国却仍然保留了天下的观念遗产，并将天下精神转化为国家精神，将世界格局浓缩为国家格局，于是，中国成为一个内含天下结构的国家。这个“内含天下的中国”继承了天下概念的“无外”兼容能力，或者说，“无外”的内部化能力。天下之所以是神圣的，正因为天下具有无外性质而与无外的上天同构，因此，无外的天下就足以“配天”[1]，而配天的天下因为与天同构而具有神性，如老子所言，配天乃自古以来之原则[2]。正因为中国内含天下结构，所以中国成为一

1　配天的观念是中国思想的基本原则之一，最早见于《尚书·君奭》：“殷礼陟配天”，或《尚书·召诰》：“时配皇天”。另有相似表述如《周易·乾·文言》：“与天地合其德”；《道德经·六十八章》：“是谓配天，古之极”。最早的详细解释见于《礼记·中庸》：“唯天下至圣，为能聪明睿知，足以有临也；宽裕温柔，足以有容也；发强刚毅，足以有执也；齐庄中正，足以有敬也；文理密察，足以有别也。溥博渊泉，而时出之。溥博如天，渊泉如渊。见而民莫不敬；言而民莫不信；行而民莫不说。是以声名洋溢乎中国，施及蛮貊。舟车所至，人力所通，天之所覆，地之所载，日月所照，霜露所队：凡有血气者莫不尊亲，故曰配天。”又曰：“博厚配地，高明配天，悠久无疆。”

2　《道德经·六十八章》：“是谓配天，古之极。”

个配天的神性概念，谓之“神州”。孟子曰：“充实而有光辉之谓大，大而化之之谓圣，圣而不可知之之谓神”[1]。内含天下结构的中国也就不能削足适履地归入民族国家或者帝国之类的概念，这些概念的政治含义相对于内含天下的中国来说都过于单薄了，甚至是概念错位。

关于中国，有三个几乎家喻户晓的共识：中国文明是自发生以来从未中断的文明，这意味着中国文明具有强劲的连续性；中国文明一直由多民族多文化所构成，这意味着中国文明有着广谱的兼容性；中国文明没有产生出一种普遍主义的一神教，至多有一些地方性的民间宗教，而且大多数都不是超越性的宗教，于是，中国文明被认为是缺乏宗教性的高度世俗化文明。这些共识只表达了现象以及基于现象的默认结论，并没有得到充分有效的解释。因此，我试图把这些默认的共识重新问题化，并非质疑这些有目共睹的现象，而是试图解释事情为什么是这样的，同时也试图对这些现象进行重新理解。

中国文明的连续性、兼容性和非宗教性与其说是答

1 《孟子·尽心下》。

案，还不如说正是需要分析和解释的问题。首先，连续性和兼容性的成因关键在于其动力来源，为什么中国文明会连续不断？为什么具有兼容性？显然，事实结果不是对原因的解释。假如缺乏一种无法拒绝的博弈动力，那么，一种游戏就不可能具有持续的吸引力。一种传统之所以能够连续存在，不是因为它是个传统，而是必定存在着某种稳定发生作用的客观动力使之欲罢不能；同样，一种文明的兼容性也不可能仅仅源于善意或者包容心之类的伦理观念（如果伦理不能使人受益，人们将对伦理失去兴趣），而必定存在着某种无法拒绝的利益动力使得兼容的共在方式成为共同最大利益之所在。总之，一个存在之所以如此存在的最终理由必定是一种在利益上有效的存在动力和存在方式，这才是一种传统之所以成为传统的深层理由。而且，存在论的生存理由尤其有助于理解历史中行为主体的选择。既然我们不可能穿越到古代去调查古人的心思，那么，以古人所需要的生存最大利益为出发点去理解古人的选择，接近历史真相的可能性显然大于以现代政治观点去想象古人。以古人的生存利益去理解古人，此种解释模式或许有助于澄清关于古代的许多争论，比如说，与“新清史”或“新元史”有关的争论。元朝和清朝为什么是中国王朝？这与现代人的认同毫无关系，而与古人的生存利益有着密切关系：成为中国王朝是成为中国之主的最可靠保障，元朝和清朝为了保证“万世基业”，必定选择成为中国王朝。生存才是硬道理。

因此，我试图以存在论的理由，兼以博弈论的理解方式，去解释中国之所以成为中国的原因。我将论证，早期中国的四方万民为了争夺最大物质利益和最大精神资源的博弈活动形成了以中原为核心的“旋涡”动力模式，旋涡一旦形成，就具有无法拒绝的向心力和自身强化的力量，从而使大多数参与者既难以脱身也不愿意脱身，终于形成一个巨大的旋涡而定义了中国的存在规模和实质概念。旋涡模式能够解释为什么古代中国并非扩张型的帝国却能够不断扩展，其秘密就在于，中国的扩展不是来自向外扩张行为的红利，而是来自外围竞争势力不断向心卷入旋涡核心的礼物。“中国旋涡”的形成一方面与争夺核心的博弈游戏有关，另一方面也与天下秩序的发明有关。天下秩序是能够化解旋涡的激烈冲突而兼收并蓄的万民共在制度，它开创了多文化多民族的共在模式，也创制了权力分治一体模式。即使在天下体系终结之后，天下精神也作为遗产而化为中国国家的内部结构，因此得以形成一个多文化多民族的大一统国家。所谓大一统，实质就是以天下为内在结构的国家。

正因为中国的内在结构一直保持着“配天”的天下格局，中国也因此成为一个具有神性的存在，成为一个信仰。这可以解释中国的精神信仰问题。任何文明都需要某种精神信仰，这是一个文明的安身立命之处，也是自身确认的绝对依据。通常人们认为中国缺乏严格意义上的宗教[1]，因此缺乏精神信仰，这种理解非常可疑。假如真的缺乏精神信仰，又如何解释中国精神的整体性以及稳定性？这是一直未能得到有效解释的谜。比较流行的

1　今天通常所说的宗教，是以religion概念为准的信仰，与汉语之“宗”（祖神）与“教”（教化）相去甚远。Religion实为人与神的约定关系，即人接受神的圣约而遵从神的指引。

权宜解释是把儒家理解为一种准宗教去解释中国精神的一致性，但这种解释显然无法充分解释中国的整个精神世界。也许儒家能够大致解释古代中国的社会结构和生活方式，但很难解释中国的精神信仰，因为儒家所立乃是伦理原则。如果把伦理说成宗教，难免导致名实混乱。中国文化里不存在人与神的约定模式，所以确实没有西方意义上的宗教（religion），但另有信仰形式，即人道与天道的相配，所谓配天，凡是达到配天的存在皆为神圣存在，也就成为信仰。中国的精神信仰之所以隐而不显，是因为被默认而不知，其实，中国的精神信仰就是中国本身，或者说，中国就是中国人的精神信仰，以配天为存在原则的中国就是中国的神圣信念。

我愿意把对中国历史性的建构理解为一种祭祖方式。对历史性的建构意味着邀请古代之彼时当代性（contemporariness）再临当下，与此时之当代性相会，以便理解彼时之当代性如何预示或铺陈了此时之当代性，是为述古以祭祖。

第一章　旋涡模式

叙述中国难于叙述天下。西周的天下中有国，国中有家，天下制度为世界秩序，各国传统为各地规则。秦汉以来的大一统中国却是一个内含天下结构的国家，合四方之土为一统，聚万民为一家，以天下之意而行一国之实，因此创制了一种以有限的国家格局表达无外天下理念的政治形式，同时建立了以国为体而以天下为道的精神性，也因此塑造了中国人以有限而观无限，即居有限中土而环顾无边四海的空间视觉方式。那么，国家结构与天下结构如何得以结合？又何以形成？其中的生成动力是什么？这是理解中国存在方式的一个关键问题。

在分析中国的生成与不断持续的动力结构之前，首先需要明确几个背景概念，以便确定我们将讨论的中国历史时段：周朝的天下体系衰于春秋而亡于秦，先秦时段属于中国的天下时代，既为中国史也是世界史，这是形成一统中国的准备阶段；秦始皇开创行政一统的郡县制度[1]，化海内众国为一国，一方面奠定了“大一统”的国家传统，另一方面也使天下理想收缩为中国概念，天下的世界史中止了，天下故事收敛为中国故事，因此，自

1　曾经有些历史学家模仿西方的历史概念而把秦至清的制度称为“封建专制”，这是一种错位定性。周朝才是封建，秦以后为郡县。现在大多数人不再使用这个误导性的概念，转而以西方政治学的定位而把秦至清的制度称为“中央集权”“专制政体”之类。此类概念部分接近真实，但不准确。秦以来的王朝制度虽以皇帝为最高权力，但部分保留了古时之“共治”传统。除了无视制度的暴君，皇帝通常不能独裁。秦汉建立了多层“商议政治”，内阁官员的御前会议通过辩论决定国家事务，如有特别重大而难以决断的事情还需召开由中央机构众官参加的百官会议，最后方案由皇帝批准。历代制度各有差异，但基本原则一致。据余英时的研究，宋代的共治政治达到最佳状态。因此很难将中国王朝制度称为专制，而如果称为共治制度也是夸张，因为皇帝终究拥有最后否决权。由于在现代政治学里缺乏准确描述中国王朝制度的概念，这里将中国王朝制度称为“行政一统制度”，也是权宜之名，有待改进。主要的理由是，中国王朝的最主要政治状态是官民之分，是官僚集团与民间社会的关系，是皇帝所辖官僚集团的统治，故称“行政一统”。

秦至清是为古代中国；1911 年以后，中国试图参照欧洲的民族国家概念而建立一个现代主权国家，同时也部分地继承了古代中国的国家传统，于是合成了一个制度性质复杂而尚未完工的国家建构。这里所讨论的中国存在方式暂不包含现代中国。

虽然秦的大一统制度终结了天下体系，但天下概念仍作为政治基因存在于中国实体里，使中国成为一个内含天下格局的国家。尽管秦汉以来的中国不再经营世界尺度的天下，却试图把中国经营为一个天下的缩版，即中国尺度的天下。这两种政治各有其志：经营天下的最终目的是使整个世界实现内部化（internalization of the world），使世界成为一个再无任何外部性（externalities）的万民共享社会，使一切政治实体得以在天下体系中协和共在，所谓“协和万邦”[1]；经营中国的主要意图是让具有天下性质的中国万世长存，不再操心整个世界的内部

1　天下体系期望达到“协和”（compatibility）的政治，所谓“协和万邦”，语出最古老的政治文集《尚书》。协和性意味着一种能够化敌为友而以兼容性去保证和平的政治。

化，于是，外部世界变成了持久的挑战。在周朝时，“荒服者不至”[1]被认为是周穆王的错误所导致之失序问题[2]，而秦汉以来，如果“荒服”族群不与中原王朝为敌，就是岁月静好、国之洪福了。随着天下无外问题的退场，国家的“内外”问题成了焦点。经营中国的注意力便集中于建构长治久安的内部秩序，试图使中国成为一个能够经得起任何外部博弈挑战的国家，守土成为重任。天下无外的理想本是“以天下为一家，以中国为一人”[3]，随着周朝天下体系的终结，无外的理想便收缩为后半句，化为中国内部的多元兼容原则，而正是这个原则保存了天下的基因，使内含天下结构的中国具有政治现实性。

中国具有的“国家性—且/或—天下性”（nationality and/or cosmopolitism）双重性质注定了古代中国是一个始终处于生长状态的概念，也是一个始终具有开放性和

1　好战的周穆王因为犬戎未能及时进贡而讨伐犬戎，虽然大胜，却破坏了周朝的协和政治传统，结果大失荒服各部之心，荒服各部不再朝贡。

2　《国语·周语上》。

3　《礼记·礼运》。

伸缩性的实体存在，即，中国存在于连续演变的状态中，以“易”之道为存在方式——“易”意味着万变而不变之道，是变与不变的同体存在。因此，中国表现为一种生长方式而不是一个不变的概念，其实体规模变化不定，或为汉唐元清之广域，或为十六国、南北朝、五代十国、宋辽金夏之裂土。秦汉以来，中国作为裂土的时间甚至略长过大一统的时间，但大一统始终是个政治神学信念。从历史形态上说，中国是一个分与合的动态过程，尽管分合不断循环，但作为大一统的“合”始终是其存在的本意或曰内在目的。大一统不仅是政治权力的追求，也是万民和平生息的经济需要。只要能够保证万民安居乐业，大国的资源总量、经济的多样性和互补性、人口数量就是巨大的优势，这是大一统政治实权背后的经济实利。根据《周易》的存在论原则，“生生”乃一切存在的根本目的，利于万物万民“生生”的政治生态就是合理的存在状态。大一统的信念固然有其吸引力，但终究还需具有决定性作用的客观动力和运作模式，方能化为实在。所以，仅有大一统的信念恐怕仍然不足以解释中国存在的连续性和凝聚性，其中必定存在某种势不可挡的客观动力，这正是需要分析的问题。

当代人的历史叙事难免暗含着当代思维的倒映理解。虽然此时之当代性可以对彼时之当代性提出当下重新发现的问题，却不能把此时之当代性倒置为彼时之当代性，否则就是时空穿越的错位。假如把当代概念倒映并追认为古代事实，这种“逆向建构”会切断历史自身的筋脉，破坏不可逆的时空连续性，使历史变成无线索的情节组合，失去自身连贯的历史性。比如，深嵌于西方历史叙事之中的民族国家、民族主义、征服王朝、帝国主义等现代学术概念对于西方历史来说是自然连贯的，而用于解释中国历史则造成历史线索的断裂，这不是解释，而是解构，不是书其史，而是去其史。尽管 1911 年以后的中国故事在很大程度上变成了西方主导的历史的一部分（如今的当代中国正以某种方式重新生长），但假如把古代中国故事按照西方线索去逆向建构，终归是以鹿代马的错觉。

中国的精神世界生发于巫术而成熟于历史意识，此为史家共识。如陈梦家所述，乃是一个“由巫而史”[1]的发展过程。另据张光直所考，中国文明之初，拥有精神解释力的“巫”与政治首领“王”是合一的，这意味着精神权力对于政治权力的重要性，而当出现文字后，“史”具有了更强的精神解释力，于是史官与巫师曾经集于一身。[2]李泽厚指出，由“巫”化出了“史”而终于形成以历史意识为主导的精神传统是中国文明的关键，他称之为“巫史传统”。[3]我们或可推想，在历史意识取得了对存在方式的解释权以来，中国关于存在的反思形式就是一种历史哲学，“存在”（being）即“变在”（becoming），“变在”即化时间为历史，因此，存在的时态是进行时和未来时。与之不同，西方思想对存在的反思形式自古希腊以来就是概念性的，存在必依永恒概念而在，因此，存在的时态是一般现在时。中国的精神世界以历史为刻度，

1 陈梦家：《商代的神话与巫术》，《燕京学报》第20辑，1936年。

2 张光直：《美术、神话与祭祀》，北京：生活·读书·新知三联书店，2013年版，85页。

3 李泽厚：《由巫到礼·释礼归仁》，北京：生活·读书·新知三联书店，2015年版，13~21页。

一切存在的意义都在历史性中展开，所谓“六经皆史”[1]便是此意。

孔子理解的“春秋”必须表达历史之大义，即存在的应在之道，即人道必须符合天道，所谓配天。各种历史叙事所理解的配天“正统”或有出入，每种关于正统的解释皆可用以支持一种历史观点，然而，何为正统的论证却不能是一种自相关的自我叙事，也不能是自我重复的重言叙事，否则就是无效论证。就是说，微言虽达大义，大义却难自证。司马迁的“通变”意识似乎更冷静，因而也更接近历史变化本身，更接近存在的变在之道。在此，我不准备偏心而征引任何一种正统观念以为证，而只限于分析中国是通过什么样的历史集体行动而被塑造的，就是说，不从历史叙述者的价值观点去理解中国是什么样的，而以符合历史行动者的最大利益的博弈选择去理解中国何以成为这样的。中国的生成过程可

1　在章学诚之前，王阳明、李贽等早有“六经皆史”的看法，但以章学诚所论最详，见《文史通义 · 卷一 · 易教上》，上海：上海古籍出版社，2008 年版，1 页。

以被理解为一个长期连续的博弈游戏，对其中的历史变迁得失，各家自有不同的价值评价，但形成中国的关键却终究在于创造历史的行动者的理性选择，正是行动者的集体行为定义了一个博弈游戏的问题、目的和性质。与历史行动者的视野相关，在此有两个焦点问题：(1)中国是个连续存在，那么，什么是形成中国连续性的动力结构？(2)对生存最有利的优势基因就会被不断复制，那么，什么是中国在历史中被不断复制的生存基因？我指的是导致集体行为选择的思想基因，或者说思想设置(mindset)。

在世界各地，不同的历史机缘造成平行的多种历史。早期中国的政治始于世界政治，即以天下体系为世界秩序而在体系内建国建家；西方政治却始于内部公共生活所定义的小规模政治空间，即城邦国家(polis)。这两种政治模式试图解决的问题不同，但都是人类生活的基本问题，其政治基因相异而或可互补，并非可以合并的同类项，而是能够互相丰富的政治维度。历史表明，这两种政治传统是最为久经考验的政治艺术，而今天的全球化条件暗示着，这两种政治传统或可汇合而重组为一种新政治[1]。

秦汉以来的中国转型为国家政治，却与西方的国家概念相去甚远。中国既不是城邦，也不是民族国家，甚至不是西方政治概念里的帝国——尽管古代中国与帝国有些外在貌合之处，比如没有法定边界（boundary）而只有实力所及之边陲（frontier），但其实貌合而神异[2]。貌似"帝国"的古代中国缺乏扩张性的帝国主义特质，而这正是帝国的最根本性质。虽然中国并非从不扩张，但很少有主动扩张的冲动和行动，数次大规模的扩张主要是自卫反击的附带红利（如汉、唐、清的版图扩大便主要是自卫反击的结果[3]），这意味着，扩张不作为中国的立国意

1 关于这个世界政治问题，请参见我在《天下的当代性》中的分析。

2 古中国与帝国的表面相似性具有误导性，我也曾经以帝国去解释古中国，后来才加以改正。

3 谭其骧指出："清朝对蒙古用兵不能算是穷兵黩武，就像汉武帝对匈奴用兵不能算穷兵黩武一样。汉武帝对付朝鲜、东越、南越，可以责备他是侵略，对付匈奴就不能算是侵略。他不对付匈奴，匈奴要打进来。唐太宗对付突厥也不能算穷兵黩武，同样，清朝对付准格尔也是不得不然。"见《长水集·续编》，北京：人民出版社，2011 年版，7 页。

图，也不是国家行为的动力。那么，也许可将古代中国定位为“大国”（leading power[1]），但此种稍嫌模糊的说法未能充分表达出中国的政治性质。另有一种看法认为中国是有别于民族国家的“文明国家”[2]，时下在西方和中国都颇为流行。中国肯定不是民族国家，但把中国定位为“文明国家”，却也有令人迷惑之处。如果文明可以定义中国，为什么别的文明却不能定义别的国家？难道别的文明缺乏特点以至于不能定义其身份？另外，同为多民族多文化的俄罗斯、印度、美国又应该如何理解？关键在于，以民族定义国家能够表达一种明确的政治性质，

1　在先前发表的文章中，我使用的是great power。吕祥先生建议使用leading power，因为great power在当下的政治用法中已经具有某种程度的贬义，有强权的暗示。特此更正。

2　列文森、白鲁恂等西方汉学家以中国为文明国家。更早的分析或源于葛兰言，葛兰言没有直接使用“文明国家”一词，但其名著《中国文明》（1929年）把中国社会看作一种文明去分析。现代儒家也有类似理解，钱穆认为中国的“民族与国家都只是为文化而存在”(《中国文化史导论》，北京：商务印书馆，1994年版，23页，第1版为1948年）；梁漱溟则认为“中国遂以社会而代国家”(《中国现代学术经典·梁漱溟卷》，石家庄：河北教育出版社，1996年版，520页，第1版为1949年）。梁漱溟引用友人来信说：1920年罗素来华访问，在上海讲演时指出：“中国实为一文化体而非国家”（同上书，255页）。由此来看，最早提出中国是文明国家的或为罗素。

而以文明去定义国家却难以表达同等明确的政治性质，因为文明是个无所不包的词汇，很难想象何种文化或社会性质不被涵盖。无论如何，国家是个政治存在，对国家的定义终究需要足以表达其政治性质的界定。如果不从政治而从人类学视野去理解中国，那么王铭铭的“文明体”概念也比文明国家更恰当[1]。

中国区别于民族国家的理由必须是中国的政治概念或原则，即作为中国政治基因的天下概念及其“配天”“无外”和“协和”等根本原则。由此可以说，中国是天下的缩版（microcosm），是一个以天下为内在结构的国家（a world-pattern state）。如果非要以民族国家作为对应概念，那么，内含天下性的中国似可称为“万民国家”（inclusive state）。以上概念只适用于古代中国。至于现代中国，另有其双重性质：传统中国性质加上现代国家性质。现代中国在古代中国的基因上引入了现代国家性质而成为一个现代主权国家，却仍然不是民族国

1　王铭铭：《中国：民族体还是文明体？》，见《文化纵横》2008 年第 12 期。

家。关于现代中国性质的争议其实是基于对现代国家概念的一个狭隘理解，即以为现代国家必定是民族国家。实际情况是，现代主权国家至少有两个基本型：民族国家（例如欧洲各国）和合众国（例如美国、中国、俄罗斯、印度）[1]。合众国同样具有法定边界和法定主权的现代国家根本性质，只是以多民族多文化而区别于民族国家。就目前趋势来看，越来越多的民族国家正在慢慢演变成合众国，欧洲多国的阿拉伯人、非洲人、东欧人和东亚人的人口增长迅速，已很难说是原本意义的民族国家了。因此，合众国很有可能将会发展为现代国家的主要类型。可见，无论在地理上还是在历史上，民族国家都不是国家形态的主流，而是一隅（欧洲）一时（欧洲三十年战争）之结果。

言归正传。正因为中国政治中一直内含天下基因，即便天下已收敛为中国，古代中国也缺乏民族国家或民族主义的积极诉求。直到清末中国遇到西方现代民族国

---

1 中东、南美、非洲的许多国家也很难说是民族国家，其中，同族同文的民族分为若干国家，而不同民族不同宗教却被划入同一个国家。

家的挑战，才对更为富强的现代民族国家以及民族主义产生思齐之意。梁启超大概是最早提倡学习西方的民族主义和民族国家以便转型为现代主权国家的[1]。古代中国没有主权概念，只有政权之实；没有法定边界，所谓治下领土，只是实力变化的函数。古代战争也不是民族战争，而是政权之间的战争，所谓逐鹿。与宋酣战的辽军统帅韩德让是汉人，灭宋的元军统帅张弘范也是汉人，如以现代民族主义概念为准，他们会被追认为汉奸，但在历史语境里，他们都是出生并生活在北朝的居民，而北朝也是中国，正如宋是南朝之中国。只是张弘范相信天命在元，而文天祥相信正统在宋。

如与民族冲动无关，那么古代中国的分合动力是什么？这种历史动力是如何形成的？中国是“四方万民”（现代的可疑说法是“多民族”）汇集之地，中国历史也是万民合力之作，是一个多线索交织而成的故事。每一

1 梁启超在1901年提倡民族主义（《国家思想变迁异同论》，见《饮冰室合集·第1册·文集6》），在1902年提倡民族国家（《论民族竞争之大势》，见《饮冰室合集·第2册·文集10》），但后来又转向国家主义。

种具有连续历史性的历史都会有某些基本问题或某类事件不断重复出现，那么，是什么原因或理由使得相似的问题和事情不断发生？最简便的解释是将其归结为“传统”。中国连续不断的存在就经常被归功于中国文化传统，往往又被归结为儒家传统，儒家传统又被认为具有显著的道德优势。这个文化神话实有若干疑点：首先，以什么历史事实来证明中国人在道德上更为高尚？这是个问题。我们恐怕不能忽视实际行为与道德教义之间的差距[1]，因此需要意识到，实际上构成历史的集体行为另有更强的理由和动力；其次，儒家观念只是在宋以后才逐步成为最高权威性的信念，尤其到了明清，才成为全面支配生活的教义，而那时中国的存在模式早已形成，这意味着，中国概念或存在方式另有成形的道理。儒家肯定是中国最重要的传统，但中国传统的多样性也是显然事实，道家、佛家和法家也都具有不可漠视的强大影响

1　民谚比教义更能准确地反映真实的社会情况。李庆善在《中国人新论：从民谚看民心》（北京：中国社会科学出版社，1996 年版）里以大量互相矛盾的传统民谚说明了行为理由的两面性：一方面提倡正直无私，另一方面建议圆滑求利，等等。

力；更进一步的问题是，即使传统对历史具有足够大的解释力，传统也仍然是精神的表面形态，还不是落实到底的解释，我们仍然需要追问，为什么会形成如此这般的传统？人们为什么一直忠于此种传统？这种传统的持续吸引力到底在哪里？一种传统又为什么有其传播限度或文化边界？

历史事件只是故事，故事背后总有其历史内在动力结构。什么是使得某种事情不断重复发生的动力，这是需要解释的问题。历史事件无疑具有偶然性和创造性而千变万化，引发事件的直接原因往往是一时的利益争夺、长期的积怨、偶然的恩仇、天灾造成的生活困难或野心所生的阴谋，诸如此类，但偶然原因并不能解释历史重复运动的长久动力，而势在必然的历史性必定隐藏在千变万化的故事之不断重复的动力结构中，这种内在动力结构定义了一种历史是一个什么样的博弈游戏，并且不断诱发前仆后继的集体行为。由于历史性并不直接体现为历史的故事性，而是隐藏在历史故事性之中的反故事性，即贯穿在不可重复的事件中的重复性，因此，历史性具有形而上或存在论的意义，因而能够有效地解释一种存在之所以存在，并且总是如此这般地存在。当一种存在的时间性具有了自觉的动力结构就形成了历史性，历史就占有了时间，或者说，时间就变成了历史。是什么动力和运作方式把时间变成历史，正是问题的关键所在。理解历史性的方式各有其道，或为超验神学，或为自然神学，或为政治神学。假如历史被理解为有着先定的终极目标，历史性就是一种使命（mission）；如果历史被理解为无限展开过程，历史性就是一种存在寻求自身永在的生长方式（way）。后者正是中国历史性的取向，即以未来性为导向的生长方式，其根源在于《周易》所表述的生生而日新之意[1]。

生存的直接动力都是谋求生存资源，这是自然状态；当人们谋求稳定可信的长期存在，因而试图预先占有未来，就必须同时寻找政治资源，于是进入了政治状态。或可以说，追求存在一开始只是经济问题，但追求不被他人劫走的未来，就变成了政治问题。维持生存的单纯

1 《周易 · 系辞上》："日新之谓盛德，生生之谓易。"

经济活动只是人与自然的关系，属于自然过程而尚未构成历史，只具有时间性而尚未具有历史性。一旦利益关系产生出权力问题，就进入了人与人的博弈游戏，在这个意义上，历史总是从政治开始的。权力意味着建立秩序，把可资利用的开放资源（open accessible resources）变成独占而加以支配的资源（controlled exclusive resources），以此使继续存在变成可信的预期。可以说，政治就是试图建立某种秩序去占有未来。当一种秩序试图规定未来必须如此发生，秩序就是在创造历史。由此可以理解沃格林所谓“历史的秩序来自秩序的历史”[1]。

如果一种“历史秩序”（同时也是政治秩序或神学秩序，这三者往往是一体化的）成为众所追求的政治资源，就会形成一个共同参与的博弈游戏，并且由此展开为一种共同的历史。当一种历史秩序或一种博弈游戏成为万民的共同兴趣，它就成为一个历史性和政治性的“聚点”（focal point）。这是借用谢林（Thomas C. Schelling）的一

1　埃里克·沃格林：《秩序与历史·卷一·以色列与启示》，霍伟岸、叶颖译，南京：译林出版社，2010年版，19页。

个博弈论概念，“聚点”指的是人们未经事先商量却不约而同的最优利益选择[1]。在这里，聚点可用于解释共同历史的形成。那么，对于中国，是什么样的历史秩序、什么样的博弈游戏，使中国历史成为万民的共同历史?

曾经有一个其实是假定的共识（已经难以考证这个看法的起源）：中国是中原文化不断向周围扩展传播而形成的。张光直早就指出，中原向外扩展的看法是个错觉，事实应该是各地文明的“相互交流”，而形成这个错觉的偶然原因是，考古的兴趣一度集中在中原，于是，中原出土的考古证据似乎远远多于各地而“支持了中原核心地位的错觉”[2]。后来随着各地考古的展开，人们已经知道，古中国的四土（西土为青海、甘肃至新疆，北土为蒙古和东北，南土为长江流域，东土为山东一带）皆有与中原同等水平或近似水平的文明发生，而各地文明在物质技术和器物的形制图案上有着某些相似之处，可见各地

1　托马斯·谢林:《冲突的战略》，赵华等译，北京：华夏出版社，2011 年版，48~51 页。

2　张光直:《古代中国考古学》，北京：生活·读书·新知三联书店，2013 年版，434 页。

文明之间存在着往来交流。远古文明之间的互相交流虽是事实，但其原因仍是个谜：在徒步时代，存在文明的各地之间的距离即使只有数百里，以跨越距离所需时间而论也相当于天涯海角，互相交往当然是可能的，只是不清楚如此费力的交往出于何种积极性。总之，鉴于新石器时期的中国存在着水平相当的多处文明及其互动，但各处文明自有其独立性，并非“谁是谁的变种”，[1]因此，苏秉琦所描述的“满天星斗”模式对于夏商周以前的早期中国可能是更准确的。

夏商周以来的中原才在事实上变成了中国的核心，如何理解这个核心的性质以及核心与周围四方的关系才是根本问题，或者说，如何解释中国成为一个包含了中原和“四方各地”的整体存在才是根本问题。中国的形成过程中的确兼有各地文化的互相交流和中心向外扩展

---

1 苏秉琦:《关于陶寺发掘报告编写及有关问题》，见《苏秉琦文集 · 卷三》，北京：文物出版社，2009 年版，15 页。苏秉琦指出的例子是：“红山文化不是仰韶文化的变种，夏家店下层文化也不是中原地区龙山文化的变种”，其中一个证据是，北方青铜文化与中原青铜文化具有互相不为派生的特征。

传播的两种“自然发生”的情况（社会学和人类学都假定人类天生喜欢交往），但这两种自然发生（也许只是或然发生）的现象仍然不足以构成对中国生长方式的深层解释：一方面，互相交流模式不能必然地解释中国整体性的形成，因为各地文化间的互相交流并不必然导致合一，各取所需而维持各自独立也是同样可能的，甚至，互相交往而反目成仇以至互相远离也是可能的；另一方面，中心向外扩展的模式实为西方历史的模式，与中国长时段的历史事实的符合度偏低，因此恐怕不是形成中国整体性的主要原因（借用西方历史模式往往难以解释中国历史，因为这两种历史的生长方式相异多过相似）。扩展的可靠基础是武力征服，否则不可能成功。古中原最早进入农耕生活，武力不是强项，“神农氏弗能征”[1]，但中原却是四方来争的宝地。四方族群不断聚集于中原而开始“逐鹿中原”，结果形成大规模的族群融合，才是主要历史事实，阪泉之战及涿鹿之战是古史所载的最早逐鹿中原之战，也是中国各族群发生大融合的标志性事件。

1 司马迁:《史记·卷一·五帝本纪》。

游牧—狩猎模式之黄帝部族[1]击败农耕之炎帝部族以及渔猎之蚩尤部族而成其威名[2]，因此建立了传说中最早的合作秩序，各族群形成融合而定义了传说的中国人概念（所谓炎黄子孙），可见最早的中国人概念实为游牧（狩猎）、农耕和渔猎族群在中原的相聚融合（假定黄帝时代真如传说所言距今约5000年，那么当时似乎尚未形成典型的游牧和农耕，应该都是混合经济，或各有偏重[3]）；更重要的问题是，即使扩展也未必能够保证合一，反而更可能被抵制，甚至有可能竞争失败，历史事实表明，中原势

1　司马迁：《史记 · 卷一 · 五帝本纪》：黄帝"迁涉往来无常处，以师兵为营卫"。可见黄帝乃是游牧部族之首领。这也说明，至少一些游牧部族原居黄河流域。黄帝所部的活动范围北接蒙古地区，西连山西陕甘地区，因此，黄帝所部可能为后世所谓北狄，也可能为后世所谓西戎。

2　这段古史由于过于久远而记述不清，阪泉之战与涿鹿之战也可能不是两次战争，可能是一次战争的两次战役，甚至神农、炎帝和蚩尤之间的身份关系也未有定论。但当时有过开创逐鹿中原模式的一次战争，应该为真。

3　早期中国人少兽多，因此，狩猎是四方之民的共同生活内容。最早的农耕和游牧效率低下，因此都不可能构成充分的生活方式。高效率的农耕必须牛耕，始于春秋战国，但至汉代才普及；高效率的游牧必须骑马，集体规模的骑射生活或不早于春秋，因为赵武灵王在战国时才意识到胡服骑射的优势。参见徐中舒：《古器物中的古代文化制度》，北京：商务印书馆，2015年版，1~124页；374~380页。

力受挫是常见的情况，可见中国生成另有依据，中心扩展理论对于中国生长方式并不具有说明力。

在理论上说，能够确保形成大规模的政治与文化存在的根本原因只能是某种难以拒绝的吸引力，也就是孔子所言“近者悦，远者来”状态[1]。这正是我选择“聚点模式”来解释中国生长方式的理由，即必定存在某种难以拒绝的吸引力导致中国成为四方万民共同选择。中国历史自有诸多需要研究各类“聚点”，我们在这里要分析的是贯穿中国古代历史的一个政治博弈聚点，即以中原为核心的“天下逐鹿”博弈游戏，而维持这个连续博弈游戏的动力结构是一个有着强大向心力的“旋涡模式”：众多相关者抵抗不住旋涡的利益诱惑而前仆后继地“主动”加入游戏成为中国之主的竞争者，也有许多相关者连带被动地卷入到游戏中，博弈旋涡的规模逐步扩大，向心力的力度也随之增强，终于达到稳定而形成了一个由中国旋涡所定义的广域中国。这个“中国旋涡”就是需要分析和解释的核心问题。

---

1 《论语 · 子路》。

在地理上，从漠北到江南、从东海到西域之间的广大地面形成一个无分割的逐鹿空间，这个广域的核心地区，通常称为中原，是早期中国的发达地区（与地理条件、气候条件、交通条件都有关系），不仅是最早的经济中心和政治中心，也是文化中心，它意味着天下逐鹿的必争之地。“逐鹿中原”这个成语如此生动地概括了中国历史的博弈游戏，因此赵辉认为这个成语正好有效反映了以中原为核心的中国历史主流发展趋势[1]。假定所有具备一定实力的竞争者都对逐鹿中原的潜在和长期的利益感兴趣，那么，需要进一步解释的问题就是：为什么逐鹿中原的博弈游戏不仅仅是列强往来驰骋的兴衰成败过程，而会形成博弈者们不愿退出甚至欲罢不能的“旋涡”模式？为什么逐鹿中原会形成追求大一统的向心力？为什么列强们不满足于割据而各得一方财富和权威的博弈均衡？说到底，根本问题是：中原有何不可替代而非争不可的特殊优势资源？

张光直相信中国的“文明动力是政治与财富的结

1 赵辉：《以中原为中心的历史趋势的形成》，见《文物》2000年第1期。

合”[1]。当然如此，但政治追逐财富是通理，也就是普遍情况，此说未能刻画中国的特有问题，中国在此事上也没有构成十分突出的范例。古中原的黄河中段流域在物质文明上虽然很可能有着相对的综合优势（人们乐意这样想象），但似乎并不具有压倒优势，也并非每种技术都是最优。考古证据表明，北自内蒙古和辽宁一带，南至长江流域的早期中国，相当密集地分布着众多的文明产地，在资源上各有所产而各有依靠，技术能力大致接近而各有所长，物质生活水平仿佛相似，人口规模相差不远，却为何不满足于各安其所，而非要逐鹿中原呢？假定古中原的物质财富相对略有优势，也尚不足以解释中原为什么必然成为众望所归的逐鹿之地，值得各种势力前仆后继冒险一搏。战争是利益的豪赌，也是最大的冒险。以理性观之，无人甘冒奇险，因此，中原必定存在着难以拒绝的巨大诱惑，否则难以解释中原何以成为列强必争之地。

1 张光直:《考古学专题六讲》，北京：生活 · 读书 · 新知三联书店，2013 年版，156 页。

什么才真正是中原所有而且无可替代因而必须加以占有的优势资源？这显然值得我们进一步追问。物质财富和交通枢纽无疑都是举足轻重的重要因素，但似乎仍然不是决定性的因素，即无可替代而难以舍弃的因素。或许，我们应该在物质条件之外去分析其他可能的选项，其中最具魔力的应该是精神世界的诱惑。与消耗性的物质世界不同，精神世界是增值性的，而且是效益无限递增性的。一个精神世界越被广泛使用，越被更多的人分享共用，就会因此凝聚起越多的文化附加值和难以拒绝的政治魔力，就越能够吸引更多的心灵，结果会形成一个无穷增值的循环。因此有理由相信，中原的特殊地位必定在于中原拥有一个具有最大政治附加值的精神世界，一个人人都可以加以占用而有助于获得、保有和扩展政治权力的精神世界，因而特别值得争相逐鹿。中原的精神世界之所以具有号召力和普遍可分享性，至少在于以下几个因素：

（1）汉字。这是早期中原形成的书写文字，当时在海内很可能是最成熟的文字[1]，大约在4000年前就已经成为能够记录和储存大量信息的数据系统，也是能够承载复杂思想和丰富叙事的书面载体，于是率先具备了建构精神世界的能力，因此，以汉字为载体的精神世界使早期中国最早发展了具有大规模传播能力的信息和知识系统。尤其值得一提的是，汉字起源于象形，而不是语音的记号，这意味着中原语音并不能独占汉字，也就是说，汉字可以独立于中原语音而成为普遍共享的精神载体，因此，汉字在本质上是一种开放的普遍共享资源，使用其他语言的所有其他族群都能够占有或分享汉字，而以汉字为载体的精神世界也就成为可以普遍共享的精神资源。

（2）思想系统。得益于汉字的成熟，中原文化发展成为当时具有最大容量的解释能力和反思能力的思想系

1 据有待确证的说法，在早期中国，除了汉字，还存在古彝文，但情况不详，恐怕其发达程度不及汉字。据说古彝文是西南族群的古文字，与今天的彝族文字存在一定相关性。今天所存的彝文作品主要为明清文献，内容多与巫术占卜有关，似乎意味着有更早的来源。但古彝文产生于何时，是否足够成熟，何时成熟，是否足以表达复杂抽象的思想，等等问题还有待专家研究。

统，具有解释万物、人类生活和政治的世界观和历史观，那些早期的思想成就集中保留并表达在《周易》《尚书》《周礼》《诗经》《春秋》等经典文献里。深思熟虑的思想意味着早期中原的思想系统已经具备了组织大规模空间和占有时间的能力，既占有历史性，又占有公共性，也就是说，具备了组织大规模社会的能力和创造制度的能力，同时具有对历史、社会、制度和权力正当性的自我解释能力，因此，自然成为了当时中国最具优势的精神资源。

（3）周朝创制的天下体系也是一个决定性的因素。天下概念的“无外”原则意味着最大限度的兼容性，不拒绝任何人的参与，也就预先承诺了一个任何人都可参加的博弈模式，也因此成为对所有人具有同等吸引力并且同样可加以利用的政治资源。与此相配合，周朝的天命观念以“有德”为得天下的正当理由，这等于论证了革命的合法性，逐鹿也因此师出有名。天下观是一个化特殊性为普遍性的有效例子：天下概念虽是周朝的特殊发明，但天下概念的内容却具有非排他的普遍意义，因此能够被普遍接受而成为一个普遍共享的政治神学资源[1]。

（4）政治神学的雪球效应。逐鹿的胜利者们为了保有对优势的精神资源和物质资源的合法利用和稳定占用，几乎都理性地选择了周朝创作的天命传承神话来解释自己的王霸故事，将自己的王朝加入到以黄帝为始的悠久政治传承叙事中，成为这个长篇故事的一章节，以此解释其政治合法性。这是获得政治合法性的最低成本策略，也是最高收益策略，很难想象逐鹿胜利者们会拒绝这种政治神学。于是，这个不断被后来的故事所丰富的历史线索本身变成了一个众所信任的政治神话，不仅成为难以拒绝的现成优势资源，同时也几乎封死了重启全新历史叙事的可能性。因为拒绝一种根深叶茂的历史神学而重新编造另一个历史神话的成本太高，难度太大，几乎注定会遇到各种难以自圆其说的困难而失败。

或许还有更多因素，但这几个决定性的因素已经足以形成逐鹿中原的“旋涡模式”。旋涡效应的关键在于它

1　基督教也是一个化特殊为普遍的成功例子。耶稣受难和复活是特殊故事，却宣布了一个对所有人开放的普遍信仰。

的持续向心力。历史表明，最初一些政治势力为了夺取优势资源而主动卷入逐鹿中原的博弈，从而制造了初步的旋涡。随着更多政治势力的卷入，这个旋涡的体量不断扩大，精神资源和政治神学意义不断累积，进一步增强了旋涡的向心力效应。正是天下逐鹿游戏持续不断的旋涡效应创造了中国以及中国的旋涡式的生长方式，而这个旋涡游戏的开放性——归功于天下观念——决定了中国是一个不断生长甚至无边生长的概念，即一个不断趋近天下尺度的中国概念。

第二章　内含天下的中国

考古学通常把新石器时期看作是文明形成期。相对于中东两河流域的苏美尔文明、巴比伦文明和埃及的文明，中国文明的形成虽然不算早，[1]但目前出土文物的技术风格显示中国文明应为独立发生（不排除部分技术和农产品来自中东[2]）。新石器中期，中原地区已开始农业

1　欧美流行的看法认为苏美尔文明远早于中国文明和印度文明，但并非没有质疑之见。近数十年的考古发现，大概与苏美尔文明同时的中国也有文明迹象，包括初始农业和粗糙陶器等，但似乎不如苏美尔文明发达，有待进一步的考古证据的发现。这里仍从流行之说。

2　有迹象提示，古中国有可能从古中东或西域获得了包括青铜在内的某些技术，但尚未确证。但至少某些农产品的种植由中东传入是可信的，包括小麦。

生产，但仍属于农耕、游牧和渔猎混合经济。由于当时农业水平不高，而自然资源远胜人口所需，因此生活方式属于自然状态与社会组织的混合状态。根据袁靖的研究，出土的动物遗骨表明，中原地区获取肉食的方式在新石器时代中后期逐步由渔猎为主转向以饲养为主，[1]其中可见自然秩序向人为秩序的转化。那时古中原的手工技术已能够制作陶器和玉器，[2]在新石器晚期出现了丝织品和青铜器，特别是出现了大规模的聚居地，有了城。山西南部临汾盆地的陶寺遗址有个面积达280万平方米的大城[3]，如此规模的大城被认为或许是个王城（此时尚早于夏朝，或许属于传说的某个圣王，大概相当于尧的时代），其中还发现了疑似初始文字的符号。[4]不过，被部分学者认为是最早中国的陶寺文化却未必完全是中原文

1　袁靖:《中国动物考古学》，北京：文物出版社，2015年版，140~143页；179页。

2　中国社会科学院考古研究所:《中国考古学 · 新石器时代卷》，北京：中国社会科学出版社，2010年版，198~202页。

3　同上书，568页。

4　同上书，786~795页。

化，而是混合而成的文化。苏秉琦认为:“陶寺文化是中原文化，但又不完全是中原的文化”，而非常可能是仰韶文化与燕山一带红山文化“两大文化系统在汾河湾旁交汇与碰击出的火花”，因为陶寺文化的陶器形制与彩绘等“包含了北方的因素”。[1]可见，即使在远古，中国也是一个混合而成的存在，从来不是单一文明。这或许与中原地理的开放性有关，也或许另有不得而知的理由。

另据张光直之见，新石器末期的中原已具有“中国”文化的部分基本特征，他相信当时已经出现的小米、水稻、高粱的种植，猪、狗、牛、羊、马的豢养，夯土建筑，还有蚕丝与麻、陶器、铜器、木雕和饕餮纹饰、甲骨占卜和象形文字，这些特征大概定义了以黄河流域为核心的早期中国文化。[2]另外，仰韶、大溪和红山等地的

1　苏秉琦:《关于陶寺发掘报告编写及有关问题》，见《苏秉琦文集 · 卷三》，北京：文物出版社，2009 年版，14~15 页。

2　张光直:《中国考古学论文集》，北京：生活 · 读书 · 新知三联书店，1999 年版，54~55 页。

出土文物说明，从蒙古、中原到长江流域都有龙的形象（蒙古红山的玉龙或许是目前发现的最早的龙形象，但据许宏的研究，二里头出土的绿松石龙形器才是真正“具有明显细节”的中国龙[1]），这意味着如此广域已有了大跨度的文化共通性。[2]按照张光直的推测，自公元前4000年左右，华北华南等地的文化“已经互相连锁成为一个更大的文化相互作用圈（sphere of interaction）”[3]，这是形成大规模政治体系的预备条件。

按照传说，公元前2000年左右开始了中国的王朝时代，但第一个王朝夏朝长期缺乏实证，至今存在诸多疑问。1960年开始发掘的位于洛阳平原的二里头遗址被认为或说明了夏文化的存在（碳14测定为公元前1900至1500年，正是传说中的夏朝时期），[4]但另一些考古学家认

---

1 许宏:《最早的中国》，北京：科学出版社，2009年版，152页。

2 张光直:《中国考古学论文集》，北京：生活 · 读书 · 新知三联书店，1999年版，36页。

3 同上书，158~159页。

4 中国社会科学院考古研究所:《中国考古学 · 夏商卷》，北京：中国社会科学出版社，2011年版，81页。

为属于早商或夏商之际，由于缺乏决定性的证据，目前尚无定论。另外，即使未来的新材料能够证明夏文化的存在，是否因此就能够连带证明夏王朝的存在，也恐怕仍然有待更多证据。[1]洛阳盆地自古被认为是天下之中，包括夏商周三代在内的中国半数王朝都建都于此区域。1963年陕西出土一件称为“何尊”的青铜器上有周成王建造东都的诰命铭文，其中有“余其宅兹中国”之语，这是最早见于文字的“中国”。何尊上的中国所指就是二里头遗址所在的洛阳盆地。[2]在二里头文化之前，洛阳及其周边地区也是新石器时期的中原核心文化区，是仰韶和龙山文化所在地，其中应该存在着文化连续性。在许宏看来，二里头遗址最有可能是中国的原型，是最早的

1 张光直认为二里头文化看起来应该是夏文化，但之所以不能最终确定是夏文化还是商文化，是因为“至今未发现二里头文化的文字资料”（张光直：《古代中国考古学》，北京：生活·读书·新知三联书店，2013年版，376~377页）。可问题是，就目前的证据而言，二里头时期似乎尚未形成文字，因此找到足以断言的“文字材料”希望不大。

2 刘庆柱主编：《中国考古发现与研究（1949—2009）》，北京：人民出版社，2010年版，196页。

"中国"。[1]其中一个重要证据是，二里头遗址核心区有个规模巨大而疑似王宫的基址，面积达10万平方米，主宫殿面积达1万平方米，其建筑布局与紫禁城概念的相似性一眼可见，[2]尽管格局比紫禁城要简单得多。

二里头遗址文物的丰富性说明二里头政权（是否为夏末政府或为早商政府在此并不是重要问题）已经控制

---

1 许宏:《何以中国》，北京：生活·读书·新知三联书店，2014年版，145~148页。关于"最早的中国"，考古学家们的共识是：中国的形成是个长期的过程。但在选择最具代表性意义的最早中国标志上，考古学家们则各有各的选择。例如，苏秉琦似乎倾向于相信陶寺文化"奠定了华夏族群的根基"（《中国文明起源新探》，北京：人民出版社，2013年版，120页），那时大致相当于古人传说中的尧舜时代；又如，韩建业相信庙底沟文化大概是最早的中国（《早期中国：中国文化圈的形成和发展》，上海：上海古籍出版社，2015年版，268页），那时大致相当于古人传说中的黄帝时代。我在这里采用的是许宏的选择，即二里头文化为最早的中国，时间上大致处于夏末商初。这些说法各有道理。黄帝或尧舜都是古代传说中形成中国的关键人物和时代，但考古材料比较有限，而且尚不足以证明那时的中国大地已经形成了足够明显的核心。或可认为，黄帝和尧舜在中国文化中的心理意义大于实证。虽然很可能是真实历史的传说，但其文明程度未必达到具有核心力量，其传说中的核心地位恐怕是后世中原核心文明的历史追认。相比之下，二里头遗址的文明程度更为明显，也具有更多能够表达中国文化基因的象征性建构。

2 许宏:《何以中国》，北京：生活·读书·新知三联书店，2014年版，117~119页。

了大量资源和技术，拥有农业为主、畜牧业和渔猎为辅的混合经济，[1]玉石、陶器、漆器、青铜器、丝织品、酒器等等礼器或生活用品，甚至已经有了双轮车。遗址中发现的许多海贝或意味着中原与远处沿海已有往来[2]。二里头遗址与最近的海岸之间的直线距离约为600公里，不算特别遥远，但据许宏的报告，二里头出土的海贝属于热带海域所产的子安贝（俗称宝贝），因此不可能来自相对邻近的黄海和东海，恐怕也不是来自中国的南海，因为，“如果说海贝自中国南海向北传播，那么在跨越东南各地时竟没有留下任何考古学迹象，这是不符合逻辑的”[3]。看来，二里头的海贝可能来自极其遥远的印度洋，经过欧亚大草原而由北方游牧部族带来的，越数万里而至，因此贵重如宝。海贝的神秘来历说明了，对于早期人类来

---

1 家养动物是农业的佐证，二里头的肉食来源比例为二里头一期家养67%，野生33%；二期家养75%，野生25%；三期家养67%，野生33%；四期家养87%，野生13%。见袁靖：《中国动物考古学》，北京：文物出版社，2015年版，141页。

2 中国社会科学院考古研究所：《中国考古学·夏商卷》，北京：中国社会科学出版社，2011年版，107~123页。

3 许宏：《最早的中国》，北京：科学出版社，2009年版，205~207页。

说，万里陆地也比数百里海洋容易跨越；也意味着，即使在人类早期，交往与传播的距离已经远超今人的想象。

二里头文化中最具意义也是最有争议的是：刻在陶器上的符号是不是初始文字？那些符号看上去很像文字，但目前难以解读，一个可能的原因是，已发现的此类符号数量太少，尚未满足破译条件，但也可能是因为那些符号只是记号而已，本来就尚未形成系统化的文字。但新石器的符号很可能是后来文字的部分来源，因为在结构上有着相似性，许宏相信二里头的符号与后来的甲骨文以及金文皆有渊源关系，但是否已是一种足够成熟的文字系统，还有待“成篇文书”的发现[1]；张光直则认为那些“零星出现的”符号大概尚未形成文字系统。[2]但问题是，仅晚于二里头文化数百年的殷商后期文化确定有了成熟的文字系统，有甲骨文与金文为证，更有古书记载：“惟殷先人有册有典。”[3]这说明殷商文字已经成熟到足以清

1 许宏:《最早的中国》，北京：科学出版社，2009年版，146~147页。

2 张光直:《古代中国考古学》，北京：生活 · 读书 · 新知三联书店，2013年版，346页。

3 《尚书 · 多士》。

楚地记录制度规则和描述事件。考虑到一种文字的成熟需要足够长的时间过程，因此考古学家们推测“不能设想夏王朝却还未曾使用文字”[1]。根据陈梦家的推断，汉字的兴起“约当去今三千五百年，最早不得过于四千年以上”，应属于“商民族特有的文化”。[2]此说大致不差，或需略加修正。如果说难以推断汉字起源于何时，但确知其成熟于商代，大概就比较准确了。这个问题事关紧要。如前所述，作为天下逐鹿的关键资源是基于成熟汉字而发展起来的具有巨大政治附加值的精神世界，那么，由汉字的成熟便可推断中国大致何时具备发展出高度丰富的精神世界的条件，进而有助于推断形成“中国旋涡”的最早可能时间。

就目前材料可以想象，二里头似乎尚未构成“中国旋涡”的核心，但其条件似乎已经暗含旋涡之势，因此可以说，二里头是“最早的中国”。二里头文化已包含了

1 中国社会科学院考古研究所：《中国考古学 · 夏商卷》，北京：中国社会科学出版社，2011 年版，125 页。

2 陈梦家：《中国文字学》，北京：中华书局，2011 年版，11 页。

中原文化的若干最基本的基因。虽难以罗列早期中原文化的基因图谱，但可选择几个基因作为示例。二里头的王宫初步表现了延续数千年的“中轴线”概念，如许宏所言，是中国最早的“紫禁城”。[1]中轴线概念贯穿在中国的大多数空间布局中，从房屋、庭院、宫殿到城市，甚至推广到对国家乃至天下的理解。具有中轴线对称格局的房屋既是家，也是国的微观模型，进一步说也是天下的极小模型。中轴线对称布局的神学意义源于“地中”之隐喻。“地中”之所以是神圣之地，是因为“地中”是天下最适合“承天”的正中之点，推而广之，中轴线对称布局便具有敬天之意。

中轴线对称布局的神学意义来源之“地中”是如何被确定的？这一点似乎属于神话性的偶然认同，并无必然之理。按照现代科学的去魅观点去看，地球实为天所环绕之球体，应该说处处皆为地中。但如果按照生活的

1　许宏认为，虽然二里头宫城的面积只有紫禁城的七分之一，但其形制表明二里头宫城是后世中国宫城的鼻祖。见《最早的中国》，北京：科学出版社，2009 年版，80~84 页。

观点去看，能够中选为“地中”之处自有符合生活尺度的道理，比如事关人类宜居的气候、温度、雨量、昼夜长短、风水正邪、地貌善恶，等等，当然，宜居的标准也仍然无必然之理。中原古人通过测量日影而定方位，如《周礼》所载：“以土圭之法测土深。正日景，以求地中。日南则景短，多暑；日北则景长，多寒；日东则景夕，多风；日西则景朝，多阴。日至之景，尺有五寸，谓之地中，天地之所合也，四时之所交也，风雨之所会也，阴阳之所和也。然则百物阜安，乃建王国焉”。[1]表面上的理由是，夏至时测量日影，表杆投影的长度“恰好”为一尺五，但这尺度的正当性显然是神话。真正的理由是，夏至表杆投影一尺五的那个地域乃是四季分明、雨水均衡、冷暖适中的地方，也就是最适合农业生产而宜居的地方，那里就是中原。可见，地中的理由其实是宜居的“好地方”倒映为“正中”神话，这个神话引出了地中、四方、六合、天下等神学概念。周朝建立天下体系，按照天下体系的结构需要，地中必须是天下体系的

1 《周礼 · 地官 · 大司徒》。

中心，周公便肯定洛邑新都的政治地理合理性："此天下之中，四方入贡道里均"[1]。天下之中与四方的地理距离大概均等，暗示着政治关系也大概均等。其中既有政治神学的意义，也有政治美学的象征，更有统治的实际便利。

另外，二里头的建筑结构也初具中国数千年传统建筑的基本样式。按照梁思成的概括，中国的梁柱式建筑具有"特异的"外部轮廓，上有"翼展之屋顶"，下有"崇厚阶基之衬托"。[2]所有建筑都有实用性和技术性的考虑，包括保暖、通风、光线和坚固等，也有其美学意味，除此之外，中国的传统建筑格式还具有十分突出的形而上学的隐喻性质（正如各种宗教的教堂寺庙皆有神学隐喻）：四周有着"翼展"的屋盖象征着天，厚实的基座象征着地，于是人居于屋内也就是象征性地居于天地之间，寓意"天—地—人"的关系结构。中国思想一面是自然主义，另一面是人本主义，理虽分两面，却又相合一致：顺天而宜人，敬天而礼人，不失天道也不失人道，方为

1 《史记·周本纪》。

2 梁思成：《中国建筑史》，天津：百花文艺出版社，1998年版，15页。

周到。对于人，天地本是最大的房屋，而房屋乃最小的天地，尽收天地之意于所居，正应“配天”原则。

中原文化没有建立一种外在于人的超越宗教，却对人居其中的自然有着神学理解。自然是万物之道的最终标准，而自然之道以自身为准，即老子所谓“道法自然”。能以自身为准，正是神圣存在的特征性指标，因此，自然就是中国的一个神学概念。既然人居自然之中，必与自然同道而在，与自然一致（所谓配天）就是衡量人的世界的存在论原则，同时也是神学标准。把天地复制为家，便是象征性的配天之意，也是敬天之礼。因此，中国的“家”不仅是个社会学的家庭概念，同时也是一个自然神学的本根概念。天地无穷而兼容万物，以天地为准之家也同构地复制了天地的兼容性，同时，天地也反过来被理解为不同规模而同构的家园：血亲家庭是最小规模的家，众人共同体的国家是较大规模的家，所有人的天下是万民之家。这种以天地为本的同构复制也同时复制了天地的神学性质。因此，天下是神圣的，国是神圣的，家也是神圣的，当且仅当，天下、国、家的存在方式能够配天之道。“天下—国—家—国—天下”的双向循环复制，进一步构成了中国概念的内在神性，使其具有政治神学的意义。

宗教感或神性是人类几乎没有例外的一种自然情感。宗教感来自某种免于质疑的神性信念，往往是一种文化的稳定性之所在，因此很难想象一种稳定连续的文化没有宗教感——不一定表现为有组织有教规的宗教，更不见得必须是一神教，宗教感的关键在于神圣性。最容易理解的神性是超越性（transcendence），即某种绝对的外在性，因此，多数宗教都假定了一个超越性的至上存在，这是在思想上最简单而有效的假定。令人疑惑的是，连续稳定的中国本土文化竟没有原生一个超越宗教，学者们一直试图解释这个费解的事实，比如有“道德代替宗教”（梁漱溟）或“美育代替宗教”（蔡元培）的说法。道德与诗文在中国文化中确实居于高位，但仍然不具有至上神性。与自然之道不同，道德与诗文无法以自身为绝对标准，也就不是终极标准，因此缺乏神性，也因此缺乏一致的价值标准（伦理和审美标准乃争议之地），也就不可能真正代替宗教。对于古代中国人，真正具有神性的概念首推“自然之道”，其次是最接近自然之道的“天下”，接下来应该是象征性地复制了天地秩序因而复制了天地神性的“中国”。这是一种在思想结构上更为复杂深刻的神学。如果说古代中国的道德信念被赋予神性表现，也是因为人道被认为符合天道：自然是神性所在，道德只是自然神性的转现；同样，诗词也为自然之道的印证，所赞美的日月、河山或草木之意不在风景的美学效果，而在于自然神性，或者在于带有自然神性负荷的生命、家国、故土。

中国概念的神学性质或可解释“中的国”（middle kingdom）概念引来质疑的深层原因。假如中国的概念仅仅意味着地理意义上的世界中心位置，实乃世界各地各国常见的主观感觉，彼此不值得认真。夜郎尚且自大，何况列强？正因为中国概念在地理想象之外另有配天的神学意义，所以它对于一神教才是一个值得严肃对待的异教概念。现代儒家以为道德观念是中国文化区别于其他文化之根本，但与现代儒家自己的想象有所不同，儒家道德其实并没有被其他文化识别为与众不同的特异伦理观。这正是明末利玛窦的中国经验，他发现儒家道德与基督教道德可谓大同小异，因此相信中国确为传播基督教的大好之地，一时激动不已。后来传教士在中国遭遇的传教困难与伦理差异基本无关，而是因为思维方式及宗教态度的严重差异。当时中国的基督教“信徒们”同时继续信仰儒家、佛家、道家、祖先以及财神等诸多神灵，传教士难以接受此种“不诚”。事实上，人类生活的基本问题大致相类，各地的道德也相差不远，因此，伦理道德难以说明中国的特性。一种文化的特性恐怕与思想方法论和信仰有着更高的相关度。

中国概念的神学化自有其演化过程。按照古代中国的想象，天下之中是中国。这个想象或许起源于地理感觉，如上所述，最早的“中国”在洛阳平原，稍后扩大为从西安、晋南到洛阳一带，也就是后来被称为“中原”的地方。这个位置四通八达，具有地理中心的感觉。尽管中国概念从一开始就借助天地空间格局的想象建立了自然神性，但在夏商时应该尚未成为一个政治神学概念。

周朝建立了“世界性”的天下体系，天下体系包容千邦，中国居中而为宗主国，而天下体系每个层次都是同构的，以此保证了天地神圣秩序在政治秩序中的普遍传递性，于是中国成为神圣天下的核心。虽然秦汉将天下收敛为中国，但中国继承了天下的基因而成为内含世界结构的国家，这种天下性质的负荷使中国同时成为了一个复制了天地秩序的自然神学概念和一个复制了天下秩序的政治神学概念。

中国的空间变化同时也导致空间概念的演化。“国”的本义是都城，字形示意着武器守卫着城墙所围之地。一国所辖地面不仅有都城，还有“郊”和“野”。都城近旁的周边地区为郊，包括诸多小城和“乡”，是有政治权利和义务的国人居住地；野乃是郊之外的大片农业地区，是没有政治权利的庶人或野人的居住地。[1]中国是天下宗主国的首都，即王朝首都。周成王宣告建新都城：“余其宅兹中国（把家安在中国）。”这个“中国”就

1 杨宽：《中国古代都城制度史》，上海：上海人民出版社，2006年版，25~36页。

在洛阳。随后中国的概念由宗主国的首都扩大为整个宗主国（王畿），继而大概在春秋时期，中国已用于指称中原地区，周朝天下体系里有着宗亲关系和礼乐文化的众多诸侯国都在中国范围之内，包括今日黄河流域的河南、陕西、山西、山东、河北，以区别于南方和漠北的蛮夷文化地区。这意味着中国在地理意义之外又附加了文化意义。当长江流域的蛮夷诸侯（荆、楚、吴、越等国）的文化与中原变得更相似，且有实力卷入中原争霸，中国概念就进一步扩大到长江流域。同样，随着更多地区卷入到逐鹿中原的博弈游戏中，中国的概念也随之不断扩大，曾经扩大到比今天的中国大得多的地域。极致广域是元朝之地，西越葱岭，东临日本海，北纳西伯利亚，南至南海；其次的广域，也是长期稳定的疆域，是清朝之地，同样西越葱岭，东临日本海，南至南海，北有蒙古和小部分西伯利亚。中国概念的内涵稳定不变，而其外延规模取决于天下逐鹿的旋涡效果，也就是说，中国的规模取决于逐鹿游戏卷入了多少参与者。

逐鹿旋涡的卷入效应也使中国拥有多样综合的文化。中国综合文化的形成方式，称之为“化”。“化”是形成“和”与“合”的效果的变易方式，然而“化”不是一方的单方改变而总是多方互化，因此，“化”区别于宗教的“皈依”（converting），而是多种文化对一种共同存在秩序的合力重构。也许最接近“化”的变易形式是基因变异或基因重组，更为直观的比喻则可说是联姻。在这个意义上也许可以说，善化的中国概念具有某种“生物性”，或借用塔勒布的概念，则具有拒绝固守原状而善于变异的“反脆弱性”（antifragile）[1]。“化”成的综合文化成为一种成分丰富的共享文化，其中各种文化已经无痕相合，难寻其原貌，比如中国语言的通用正音就几经多部族语音参与而不断演化（北方部族的参与为主），至今已经没有一个地方的语音完全属于古中国的“雅”音，而今天

---

1 Nassim Nicholas Taleb: *Antifragile: Things that gain from disorder.* Random House, NK, 2012, p. 3.（纳西姆·尼古拉斯·塔勒布:《反脆弱》，北京：中信出版社，2014 年版。——编者注）

的普通话语音多含满族语音。其他方面的情况也类似[1]。中国的善化能力显然与天下的无外信念有关。唯有天下无外的原则能够合理解释开放的文化基因互化，这正是天下基因在中国概念里的持续功效之一。

在多族群多文化的互化过程中，中原文化一直是互化的主要资源，这是一个自然而然的事实。如前所论，中原文化拥有更为成熟和全面的制度建构和知识生产系统，因此是一个在政治和社会管理上具有最大功效的现成的文化资源，也就自然成为每个主政中原的族群的理性选择。尽管进入中原的游牧族群通常部分保有原本的文化（北魏孝文帝的全盘汉化运动是个极端例外），但由于缺乏中原业已高度成熟的知识生产系统和社会管理制度（大量而全面的文献图书、教育系统、学术系统和官僚管理系统），于是几乎都理性地选择接受中原现成的高度发达的文化资源，进而很快就成为中原文化的分享者、

---

1 比如说，今日所谓“传统服装”实为满族风格的服装；多种“传统乐器”实为西域传入；每个族群的代表性歌曲也成为各族共享的经典“名曲”；饮食更是东西南北大综合，如此等等。

拥有者和推进者，也就是说，进入中原的游牧族群皆为中国文化的共同创造者而不仅仅是接受者。比如，被认为是中国文化的一大发明的科举制实为鲜卑血统的隋文帝一朝所创，且由同样是鲜卑血统的唐太宗加以完善。入主中原的游牧王朝推进儒学的积极性不亚于汉人王朝，游牧王朝给予孔子的封号至少与汉人王朝的封号平级，汉朝追封孔子为公爵，唐朝追封为王，明朝追封为先师（精神领袖），与之相较，西夏（党项藏族）追封孔子为皇帝（最高封号），元朝（蒙古族）追封为王，清朝（满族）追封为先师。另一个意味深长的事例是，元朝首次把程朱理学定为科举考试的标准答案，而产生程朱理学的宋朝自身却未曾给予程朱理学如此地位。[1]据徐萍芳的研究，忽必烈所建之元大都（刘秉忠设计）是中国历史上最接近《周礼》理想的都城，即按照“九经九纬，前朝后市，左祖右社”原则而建造的都城，即使汉唐时都城的规划也远不及元大都如此严格地符合《周礼》的规

---

1 姚大力:《蒙元制度与政治文化》，北京：北京大学出版社，2011 年版，270 页。

制。[1]可见，文化原产地并不能独占其文化解释权，一种文化一旦被分享就成为共同资源。众多族群分享中原文化的现象类似于欧洲各国分享来自希腊、罗马和耶路撒冷的文化。

互化乃是不争的历史事实，谁主导互化，却是关涉谁代表中国正统的敏感问题，但这个问题的敏感性实为历史语境所造成。在多数情况下，逐鹿旋涡不断卷入的大多数竞争者都化为中国人，竞争者的原住地也因为卷入逐鹿中原的旋涡而合入中国，匈奴、鲜卑、拓跋、突厥、西羌、契丹、女真（满洲）、蒙古等等，尽皆如此。宋朝之前，进入中原的北方竞争者的胜利都比较短暂，而在宋朝时期却形成了长达300年的南北分治格局：辽（契丹）占据北部中国，地域大过宋，西夏（党项藏族）占据西北，北宋占据中原和南方，而当金［女真（满洲）］取代了辽，把领地扩大到淮河一带，占有了中国的大半部分，尤其尽纳了作为“天下之中”的古中原。于

1　徐萍芳:《中国城市考古学论集》，上海：上海古籍出版社，2015年版，81页。

是，谁更有理由代表中国“正统”就成为问题了。

辽宋对峙，就军事实力而言，宋处于弱势，甚至为了和平而向辽纳贡，因此辽依照中国朝贡古制而当仁不让地自视为中国之正统，但在外交措辞上仍然温和地说成平等之割据:“境分二国”但“两朝事同一家”（辽兴宗和辽道宗写给宋仁宗和宋神宗的国书如是说）。最有趣的是，辽太宗灭后晋时获得了据说是秦始皇为“万世”中国所制的传国玉玺，传国玉玺一直被神化为天命的物证，因此获得传国玉玺便被认为是正统的一个象征。辽兴宗曾经为科举命题为“有传国宝为正统赋”[1]。宋既处弱势，气不壮而求理直，便采取与辽相反的理据而强调文化意义上的华夷之辨。正如王桐龄指出，正因宋朝幅员偏小，武力衰弱，对辽、夏、金、元应付维艰，于是“尊王攘夷学说成为天经地义”[2]；又据葛兆光的研究，宋与辽、金、西夏的并立状态使宋陷于“从所未有的关于中

1 此处关于辽朝的资料皆转引自王柯的《民族与国家：中国多民族统一国家思想系谱》，北京：中国社会科学出版社，2001年版，119~128页。

2 王桐龄:《中国民族史》，长春：吉林出版集团，2010年版，376页。

国的焦虑”，[1]因而力倡华夷之辨以正中国之名。值得注意的是，当宋朝的政治叙事从天命的普遍性退缩为特殊性，把“天下人的天下”的传统观念压缩为汉人的中国，这就已经背离了周朝开创的普遍关怀的天命传统，而把天命理解为族群的私产。此种退缩叙事虽有内部凝聚之效，但其代价是失去了政治叙事的广泛容量和普遍格局。

元朝人谢端在《辨辽宋金正统》一文中以分治状态为依据，把辽金看作是北朝，南宋为南朝，皆为并列割据的中国政权。[2]南北朝之分通常被认为是临时状态，因此虽各执一词而未及根本。元朝和清朝皆为非汉人主政整个中国，因而提出了真正有力的新问题。尽管元朝和清朝都不同程度地接受了中原文化，且与中原文化有着深入互化，但元朝和清朝的性质超出了宋代以来儒家叙事的限度，于是不得不重新解释正统。其中尤以元朝最难解释，元朝推行不平等的民族政策，基本国策是突出

1　葛兆光:《宅兹中国》，北京：中华书局，2011 年版，41~42 页。

2　转引自饶宗颐:《中国史学上之正统论》，北京：中华书局，2015 年版，157~161 页。

蒙古人的地位和传统，只因统治之需而部分采用了中原制度和文化，但在决策机构中蒙古人的人数超过半数，色目人也多于汉人。[1]元朝还放弃使用秦始皇传国玉玺的传统（以和氏璧做成的原版传国玉玺早已失踪，后来所谓的传国玉玺只是个象征），另制材质规制都不同的帝玺，[2]此举或暗示元朝试图另开政治新统，甚至历史新统，尽管只限于象征或符号而非实质上的变统。

如何解释元朝的历史位置？据张兆裕的分析，这是朱元璋建立明朝后所遇到“前人未遇之难题”。朱元璋给出了一个两面得理的解释：蒙古皇帝几乎征服了整个天下，前无古人，必是天命所授，否则不能成功。既然蒙古受天命而主政整个天下，那么蒙古主政中国也是天意。然而，蒙古终究不适合治理中国，所以天命必然又回归中土，轮到他来做皇帝。[3]因此，朱元璋在象

---

1 陈高华、史卫民：《中国政治制度通史 · 第八卷》（白刚主编），北京：人民出版社，1996 年版，60 页。

2 同上书，37~38 页。

3 张兆裕：《明代华夷之辨》，见中国社会科学院历史研究所主编《古史文存 · 明清卷上》，北京：社会科学文献出版社，2004 年版，265~277 页。

征正统传承的历代帝王庙里将元世祖忽必烈列入了中国正统皇帝的序列。朱元璋对正统的新解并非全新，只是否定了宋朝小尺度的华夷之辨，回归周朝传统的大尺度的天命解释，而周朝政治观念在中国传统中有着至高地位，其权威性远超宋儒，朱元璋的大格局解释也就不难成立。

另外值得注意的是，宋明儒家的华夷之辨虽然也引经据典于先秦，托词于孔子春秋大义的“攘夷”原则，实则有悖于周朝传统的天下无外和天命无私的概念。瞿式谷就曾经指出华夷之辨乃是附会误读：“吾夫子作春秋，攘夷狄，亦谓吴楚实周之臣而首奸王号，故斥而弗与，非谓凡在遐荒尽可夷狄摈之。”[1]瞿式谷的解读不仅忠于历史语境，也符合周朝的天下古义。其实北魏皇帝拓跋珪早有同样的解读：“春秋之义，大一统之美，吴楚僭号，久加诛绝，君子贱其伪名，比之尘垢。”[2]可见，华夷

1 瞿式谷：《职方外纪小言》，见《职方外纪校释》，北京：中华书局，2000年版，9页。

2 《魏书 · 卷二 · 帝纪第二 · 太祖道武帝》。

之论自有其历史语境和特定所指，并非孔子之一般春秋大义。以孔子推崇的周朝理想而论，元朝不能归入非法统治。然而，元朝虽武功显赫，史无前例，但在文化上除了个别突出成就之外，总体水平与宋朝的高度文明相比有着大幅度的下滑，因此难言文治。元朝接受了以大一统作为合法性定位的中原传统，所谓“自古帝王非四海一家不为正统”[1]，可是如果只言武功不讲文治，则相当于混同以力为准的“霸道”与以德为准的“王道”之别，因此隐去民心问题（王道之德的证据在于民心所向），将天命的证据收缩到只剩下地理学指标：完成地理大一统。若如此，天道与人道脱钩，政治与道德脱节，因此留下难以自辩的问题。荀子早已明确了天下之本在于人心而不在地[2]。

不过，正统概念的最初之义就是“一统”，尚未强调“正”。诚如饶宗颐所考：“向来说者以正统之义，本于一

1 《元史 · 卷一百六十一 · 列传第四十八》。

2 《荀子 · 王霸》。

统”，源于李斯之言。[1]但宋以后的正统论基本上皆以欧阳修的正统观为基准，欧阳修从公羊学角度去理解春秋大义，从“大居正”与“大一统”的联合而推出“正者，所以正天下之不正也；统者，所以合天下之不一也”。[2]这意味着，“统”为空间之大一统也；“正”为公之大义也，相当于民心之大一统。兼备四海与民心两种大一统乃是充分意义上的大一统。不过，在事实上，民心之大一统几无可能，任何制度和政权都只能获得部分人的支持，区别只在多寡，若失道寡助，必不能久，此乃天道的自然调节。能够完成大一统之事功必因“多助”，其中已经蕴含了民心所向的正当性。于是，仅就建国的正统性而言，空间大一统仍然是天命的首要标志。司马光早就对滥用“正统”概念颇有疑义，因为关于正统的多种说法“皆私己之偏辞，非大公之通论也”。司马光选择了从共通的“功业”标准去理解政治正当性，即是否能够建立

1　饶宗颐：《中国史学上之正统论》，北京：中华书局，2015 年版，6 页。

2　欧阳修：《正统论上》，引自饶宗颐《中国史学上之正统论》，北京：中华书局，2015 年版，114 页。

一种保证社会安定、人民安居乐业的有效社会秩序。诚如司马光所言："窃以为苟不能使九州合为一统，皆有天子之名，而无其实者也。虽华夷仁暴，大小强弱，或时不同，要皆与古之列国无异，岂得独尊奖一国谓之正统，而其馀皆为僭伪哉！若以自上相授受者为正邪，则陈氏何所授？拓跋氏何所受？若以居中夏者为正邪，则刘、石、慕容、苻、姚、赫连所得之土，皆五帝、三王之旧都也。若有以道德者为正邪，则蕞尔之国，必有令主，三代之季，岂无僻王！是以正闰之论，自古及今，未有能通其义，确然使人不可移夺者也。"又曰："臣今所述，止欲叙国家之兴衰，著生民之休戚。……正闰之际，非所敢知，但据其功业之实而言之。"[1]

至于清朝的性质，本无疑义。近有"新清史"学派试图将满清定义为征服中国的外国，却恐怕与基本史实不符。满族所居之东北在努尔哈赤起事之前本属于明朝辖地，并非"外国"，因此努尔哈赤举兵实属逐鹿天下之

---

1 司马光:《资治通鉴 · 卷六十九 · 魏纪一 · 黄初二年》。上海：上海古籍出版社，1997 年版。

事，乃是叛明，却非入侵。清朝武功也极盛，疆域远超明朝，主政中国也大体继承明朝制度，且有所改进，在多族群多文化的管理制度上也多有创新，民生状况大体良好，清朝前中期近150年之盛世在历史上罕有其匹，因此在正统性上当无疑义。但在清初心怀明朝的儒家遗民看来，清朝仍然有正统的疑问，王夫之曾经借讨论宋朝之亡以喻明朝之亡："宋亡，则举黄帝、尧、舜以来道法相传之天下而亡之也。"[1]"亡天下"是来自顾炎武的概念，顾炎武有言："易姓改号，谓之亡国。仁义充塞，而至于率兽食人，人将相食，谓之亡天下。"[2]但王夫之的用法其实偏离了顾炎武的原意，顾炎武虽心怀故国，然而亡天下之论并非针对清朝，他在文中所举"仁义充塞"的例子是晋朝，而晋朝并非夷狄，而是汉人王朝。王夫之另加解释的"亡天下"似乎意指中原文化传承之断裂，这一点也恐与事实不符，而是情感上之拒斥。清朝对中原文化之推崇应无疑义，清朝所沿用的世界观、历史观

1 王夫之：《宋论 · 卷十五 · 度宗》。

2 顾炎武：《日知录 · 卷十三 · 正始》。

和伦理秩序都属于中原传统，自顺治以来的清朝诸帝对中华传统尽皆推崇备至，且多饱读经史诗书，道德文章胜过明朝皇帝多矣。

元、清二朝在正统性上比较值得分析的疑点是，元、清二朝的皇帝都保留或兼有大汗身份，这一点往往被用来说明元、清二朝不属于中国传承线索中的王朝，而是征服了中国的外国。关于双重身份的疑点，当代人不应当妄猜古人之心，只能寻找历史当事人在理性行为上最合理的解释。以当代理论去逆向建构古代事实，符合历史真实的概率恐怕不高，而以符合古人最大利益的理性理由去推测古人的选择，或者说，以追求最大利益的人类常理去推测古人的行为，则可能更接近历史真实，毕竟人性和理性在历史中的变化微不足道，几乎是人类行为的“常数”。那么，按照“最大利益”（以政治利益和经济利益为主）去推想，摆脱中国正统王朝线索而把自身定位为入侵者而建立所谓的“征服王朝”，这样的身份选择恐怕不利于元朝或清朝对整体中国的统治，因此不符合元朝或清朝之最大利益，显然不可能是元或清自身的理性选择，而是现代人替古代人发挥的想象[1]。何况中国本来就是多文化多族群合力建构而成的作品，几乎一半的中国历史是由北方族群所主导的（如果如实承认隋唐是北方族群统治，则超过一半的中国历史实为北方族群所主导），显然不能把一半中国历史排除出中国。如以汉人观点自认正统而将北方族群视为非正统，以逻辑同理言之，北方族群也可持相反观点。

元帝与清帝身兼双重统治身份，其理性上的理由应

1　西方史学常用“征服王朝”（Dynasties of Conquest）的概念描述蛮族攻占文明地区而建立的王朝。魏特夫（Karl.A.Wittfogel）进而用“征服王朝”的概念来描述中国北方族群攻入中原所建立的王朝（参见Karl. A. Wittfogel and Feng Chia-Sheng: *History of the Chinese Society: Liao*. Philadelphia: American Philosophical Society, 1949原版。据Lancaster press, 1961年版，General introduction, p.3），并论证说，那些征服王朝并不是被汉化，而是与汉文化“互相适应”（acculturation。通常被翻译为“涵化”。这个译法不太明了，其实就是对新文化环境的适应），但仍然维持本民族的权威地位。魏特夫的推论大体正确，但前提有误，他以基于西方的民族国家观点来理解中国，故有此说。可问题是，中国本来就是多文化多族群共同建构而成，如果没有北方族群，就不可能形成中国，因此不能把参与建构中国的某些族群划归为外国。苏秉琦早就指出，早期中国是由来自东北辽西老哈河及大凌河流域的北方文化、来自黄河及汾河流域的中原文化、来自蒙古大青山的北方文化合力构成的，形成了一个Y字形的文化“根系”。参见苏秉琦:《苏秉琦文集 · 卷三》，北京：文物出版社，2009年版，47~54页。

是需要得到两种传统的一致支持，以便控制生活与生产方式都不同的两大区域，这几乎是自然而然的最优理性选择。何况元与清皇帝身兼天子与可汗之位也并非制度首创，实为唐朝开创的传统。唐太宗威及四海，广有四土，因此身兼天子与天可汗双重身份。与唐朝的想象类似，元朝和清朝都认为自己完成了前所未有的大一统伟业，并没有把所辖之地分开看作是两个国家，而是一国两制（实则多制），因为中原传统的天命观和大一统概念对于元朝或清朝而言都是最有利的政治神学叙事，而只有成为大一统中国的合法传承之主，才能有效征用最大资源、最大权力和最大利益。既然加入中国正统线索最大程度地符合元朝或清朝的最大利益，就很难想象元朝或清朝会拒绝对自身如此有利的政治资源和历史叙事。清朝对此具有非常清楚的自觉意识，例如，在与明朝逐鹿中原之前，努尔哈赤在写给明朝万历帝的信中就征用天下概念论证了满族主政中原的合法性："天地之间，上自人类下至昆虫，天生天养之也，是你南朝之养之乎？……普养万物之天至公无私，不以南朝为大国容情。……天命归之，遂有天下。”[1]后来雍正帝在《大义觉迷录》中所论也是同样道理。

总之，中国的概念始终是多族群多文化的互化与共同建构的结果，既不是全盘汉化的同化，也不是不同文化之间的互相拒斥与分隔，而是基因重组的再创造。在混合而成的中国文化中，以汉字为载体的精神世界更为丰富深厚，因此中原文化的基因始终起着主导作用，这也是事实。即使北方族群（特别是蒙古族和满族）入主中原，中原文化仍然是文化互化的主要资源，根本原因就是前面所述：嵌入中国的历史线索正是入主中原的北方族群的最大利益之所在，因此势在必然。无论元朝还是清朝，其政治合法性都在中国思想中能够被解释，至少在周朝传统里能够被解释，也就是说，作为内含天下结构的国家，古代中国汇万民于一体既不是理论难题，也不是实践难题。

直到清末，中国才真正遇到了难以自圆其说的身份

1 《清入关前史料选辑 1》，北京：中国人民大学出版社，1984 年版，289~296 页。

难题：不仅中国在地理上并非天下之中心，在政治权力上也不是天下中心，甚至在知识生产上也并非天下中心。如果逻辑一致地根据天下概念去理解世界，清末以来的中国不再是天下概念里的那个“中国”，而只是一方“诸侯”。同时，古代中国的自身叙事也遭到外部世界的质疑，来自他者的叙事也带来了属于另一个世界的逻辑，也因此产生了语境错位的解释和跨文化理解的困难。

一个典型的例子是，汉朝以来（特别是明清时期）的朝贡制度被看作是中国强加给世界的一种等级制。费正清称之为“朝贡体系”[1]，他把朝贡制度解释为“中国的世界秩序，是一整套思想和做法。千百年来中国统治者们不断将这套东西加以发展，使之永久保存下来”[2]。然而，把朝贡制度理解为“朝贡体系”恐怕是言过其实的过度诠释。汉朝以来的“朝贡”虽保留了周朝的朝贡名称，却已无实质的支配权力，基本上有名无实，属于美其名

1　费正清主编：《中国的世界秩序：传统中国的对外关系》，北京：中国社会科学出版社，2010 年版，283 页。

2　同上书，1 页。

的象征而已。周朝的朝贡是实质性的，诸侯对维护天下体系有政治和经济义务，诸侯提交的贡赋虽不等于税收（弱于税收），但也是对周朝维护天下体系的成本费用的部分分担。可是汉朝以来的朝贡制度只是一种政治想象，除了少数与中国王朝关系密切的藩属国（朝鲜、越南、琉球等），大多数的朝贡国并没有承认自身对中国王朝的附属关系，或者至多假装为附庸以求某些便利，中国王朝对朝贡国也没有政治和经济的支配关系。因此，汉以来的朝贡实质上只是一种涉外制度而已，远够不上支配性的"体系"或者"秩序"，简单地说，无实权则无体系可言。自汉唐至明清，朝贡关系采取厚往薄来政策，对朝贡者优厚赏赐、高价回赠，绝大多数朝贡国利用朝贡的优惠政策进行利好贸易，乃至争相朝贡，而使朝贡贸易造成中国的巨大逆差，中国王朝不得不限制朝贡的次数和货物数量。[1]由此可见，周边国家所理解的朝贡，其中经济含义远多于政治含义。

1　郑有国：《中国市舶制度研究》，福州：福建教育出版社，2004 年版，214~220 页。

我们还需要注意到反向朝贡的现象。汉武帝之前，西汉苦于与匈奴的长期竞争，为求得和平而“岁奉”匈奴许多财物，恰如李云泉所说的，这表明汉朝反向匈奴朝贡[1]。中原王朝对强势竞争者的反向朝贡并非特例，两宋对辽金也是反向朝贡。反向朝贡的现象说明，朝贡是当时的一种通用政治策略，并非中原王朝专用，强势一方受贡，乃是通用规则。另外也应该注意到，中原王朝的涉外政策也不止朝贡一途，事实是朝贡与和亲两种策略长期并存兼用，虽然朝贡为主，和亲为辅，但不能因此把中原王朝与周围政权的关系简单归结为朝贡。据阎明恕的研究，和亲的作用在现代史学中被明显低估。事实上，和亲策略自商周至清朝一直运行，并非偶然事件，也并非总是迫于压力的权宜之计，而是长期策略，既有中原王朝处于被动地位的“消极和亲”，也有处于主动地位的“积极和亲”。[2]

---

1 李云泉：《万邦来朝：朝贡制度史论》，北京：新华出版社，2014 年版，13 页。

2 阎明恕：《中国古代和亲史》，贵阳：贵州民族出版社，2003 年版，157 页。

严格说来，朝贡关系中稍有实质政治意义的是册封和奉正朔：受册封意味着比较亲近的关系，在国事危急之时可以求助于中国；奉正朔则是使用中国历法和纪年来标记时间，自有向化臣服之意，按照邵毅平的一个富有想象力的说法，奉正朔意味着接受了一种不同于空间主权的“时间的主权”[1]。如果朝贡国奉行中国王朝的纪年，就意味着承认中国的历史叙事是通用历史。时间的主权的支配力虽然不及空间的主权，但也是一种有影响力的政治。按照这个逻辑，如今中国以及世界上多数国家都采用西方纪年，不知道算不算奉行西方之“正朔”？

1　邵毅平：《日本文献里的中国》，见《域外文献里的中国》（复旦大学古籍整理研究所编），上海：上海文艺出版社，2014 年版，130 页。

第三章　逐鹿游戏与中原的诱惑

天下逐鹿的说法最早见于《史记》："秦失其鹿，天下共逐之。"[1]在此，鹿代表最高权力。为什么以鹿代表权力？此事似无确知。权力是政治博弈的"猎物"，以动物象征权力并不难理解，但古中原猎物甚多，与鹿相较而更强更大或更有气势的动物并不少有，中原初兴之时正值全新世大暖期[2]，气候温润，植被良好，不仅有牛、熊、虎、豹，甚至有大象和犀牛，为何选中鹿来代表权力？

1 司马迁:《史记 · 淮阴侯列传》，也见于班固:《汉书 · 蒯通传》。

2 满志敏:《中国历史时期气候变化研究》，济南：山东教育出版社，2009 年版，92~118 页。

似乎有点费解。或许，鹿是当时中原最重要的猎物，数量最多[1]，因此或可作为猎物的代表，但这个理由似乎仍然不太充分。鹿的最早文献形象见于《诗经·小雅·鹿鸣》，"呦呦鹿鸣"所描绘的鹿是祥和温暖的形象，似与权力无关。张光直有个猜测：在古代遗址中可见鹿肩胛骨用于占卜，因此可能有"仪式意义"，或与逐鹿的含义有关。[2]不过这也似乎不足为证。鹿肩胛骨固然可作为占卜的仪式用品，但古代占卜用品更多是牛肩胛骨，尤以龟壳为贵，这似乎暗示着，牛骨和龟壳的"仪式意义"超过鹿骨。我们或可另外推想：在早期中原，老虎和大象虽更能代表力量，但过于凶猛，并非单纯的被动猎物，而是搏斗的对象。只有单纯猎物才适合作为竞赛游戏的狩猎对象，而在单纯猎物里，鹿是具有典型形象

---

1 《逸周书·世俘解》记载了周武王的一次大型狩猎行动："武王狩，禽虎二十有二，猫二，糜五千二百三十五，犀十有二，氂七百二十有一，熊百五十有一，罴百一十有八，豕三百五十有二，貉十有八，麈十有六，麝五十，麋三十，鹿三千五百有八。"所获多种鹿类共计 8839 只，而其他许多种动物总计才 1396 只，可见数量上的巨大差距。

2 张光直:《中国考古学论文集》，北京：生活·读书·新知三联书店，1999 年版，53 页。

的猎物，华美胜过野猪、山羊、狐、兔，且有王冠般的鹿角，适合用于象征权力。对此有个旁证，《周易》有"即鹿无虞，惟入于林中，君子几不如舍"之语[1]，说的是，由于没有得到山林管理官的指导，鹿躲入密林，君子不应穷追。这暗示着，在那时，猎鹿已成为在专业官员指导下专为王公贵族准备的竞赛游戏。鹿或因此成为权力象征。

逐鹿游戏的关键在于存在着难以抗拒的诱惑。逐鹿中原是政治权力的竞争，在以中原为核心地区的广域空间里，众多政治势力争夺最大权力以图控制最大资源。有些势力是主动参与者，也有因为连锁关系而被卷入的被动参与者。如前所述，逐鹿游戏的特性在于它所形成的旋涡效应，一旦被卷入就难以全身而退，除非放弃一切利益和土地（博弈的赌本）而出局（如历史上匈奴和突厥因竞争失败，部分融入中原，部分退居边缘，部分甚至尽弃原住地而远遁），因此，逐鹿中原虽有厚利，也是巨大冒险。成败兴衰只是一时的情节，却不是逐鹿游

1 《周易·上经·屯卦三》。

戏的历史性结构。前面我们已经概括地分析过中原成为政治博弈“聚点”的逻辑推想和一般理由，这里还需要进一步更具体地理解中原成为博弈“聚点”的历史语境及其历史演变。

逐鹿为什么在中原？许宏推荐了两种有助于理解的解释。一种是卡内罗的“限制理论”，这个理论原本不是关于中国的解释，只是被假定为早期社会的一般情况：条件优越的地方有着集中的资源，众人纷至而使人口密度增大，中心区域的居住者便处于被包围的状态，于是不得不加强力量，扩大据点规模，以便自保或击败竞争者，结果在中心地区形成密集据点和激烈冲突。许宏相信，早期中原可能存在着此类情形而使中原成为竞争中心。另一种解释是赵辉的“中心理论”，这是针对中原的专门解释：古中原地处广域而四通八达的中心，也就成为交通、物流和情报的中心，中原因此汇集了最多的政治经验而变得更加成熟，而边缘地区由于缺少学习机会而竞争不利。赵辉试图说明，中原的成功与交通条件有着更强的相关性，而与经济实力没有必然关系。[1]这两种理论看来都能够部分地解释中原成为中心的历史条件，但仍然不是充分理由。长江流域的自然资源和人口不少于黄河流域，文明兴起也不晚于（至多稍晚于）中原，物质技术和交通条件也不弱于中原，为什么没有成为中心而直到春秋时代还被视为蛮夷？另外，假如交通物流是决定性因素，那么为什么西域没有成为中心？从更大空间的流通来看，西域更是四通八达的物流中心和信息中心，东接中原，西连中亚和中东，自有条件可以兼备东西方物质和技术之长。事实上经西域传入中原或传入西方的物资和技术很多，其中特别重要的包括非常可能是由西亚发明而传入中原的铜和铁的冶炼术、小麦、绵羊、黄牛、玻璃、马车，以及来自新疆的和田玉，也包括自中原传播至西亚和欧洲的丝绸以及多种实用技术，其间的交流远早于张骞通西域。王巍认为，冶铜术和小

---

1 许宏:《何以中国》，北京：生活 · 读书 · 新知三联书店，2014 年版，96~99 页；也见赵辉:《以中原为中心的历史趋势的形成》，见《文物》2000 年第 1 期。

麦大约在4500年前传入中原，冶铁术传入中原也不晚于西周晚期。[1]杨伯达甚至相信，早于丝绸之路三四千年的“和田玉古道”应为丝绸之路的前身，其证据是，半坡仰韶遗址出土了距今6000年的和田玉制品，而距今3000多年的武丁妇好墓则出土了多达300多件和田玉制品[2]。至于后来形成了丝绸之路，所互通的物资和技术更是多不胜数。西域的交通地位如此显要，可为什么西域本身的政治地位和总体技术水平却远不及中原也不及中东？或许因为气候水土条件较差？或有其他原因也未可知。

奥尔森的国家理论也许提供了一种有用的政治解释。[3]一个国家的成功必须具有强大的集体行动能力。奥尔森定理表明：小集团比较容易形成集体行动，而大集团总

---

1 王巍：《汉代以前的丝绸之路》，见《中国社会科学报》2016-1-12，第四版。另据林梅村，阿尔泰山区出土有战国时期来自中原的“凤纹刺绣”丝绸，罗马帝国的文物中也有汉代丝绸。见《丝绸之路考古十五讲》，北京：北京大学出版社，2006年版，8页。

2 杨伯达：《中国玉器全集 · 上卷》，石家庄：河北美术出版社，2005年版，5~16页。

3 参见奥尔森：《权力与繁荣》《国家的兴衰》，上海：上海世纪出版集团，2005年版；《集体行动的逻辑》，上海：上海三联书店，1995年版。

是存在严重的搭便车问题而往往导致集体行动的流产；因此，作为大集团的成功国家必定至少满足两个能够超越搭便车困境的特殊条件：（1）能够形成普遍共享利益，可能类似于儒家想象的“有德之邦”。（2）具有选择性激励的制度，类似于法家推崇的赏罚分明制度。根据历史及传说，在中原兴起的核心王朝大都兼备圣王的德治传统和公正赏罚制度，大概符合奥尔森条件。不过，奥尔森的理论或可解释成为逐鹿胜利者的必要条件，却仍然无法用于解释中原之所以成为逐鹿空间的必然性和持续性：为什么中原会成为人们欲罢不能的逐鹿之地？

我们一直在追问的是：中原究竟有什么非争不可的特殊资源，以至于各方势力决心冒险参加逐鹿游戏？可以想象必定存在多种原因。历史记录显示，中原在经济和政治上、文化和交通上的社会发展综合指标足以让众多势力前仆后继地卷入争夺游戏——可这不是原因而是结果，已经属于中原故事的后半部，问题在于中原故事的前半部。中原之所以成为聚点，当然与物质资源有关，还有另一个可能原因（但也不是根本原因）：与其他同样富有资源的地区相比，四通八达的中原相对容易攻占，战争成本比较低。这个缺乏传奇色彩的理由听起来令人失望，但或许正是助长逐鹿积极性的一个辅助性因素。经济条件、交通条件以及战争成本等因素或能增加各方逐鹿中原的积极性，却仍然不足以解释逐鹿中原的必要性。我们真正需要理解的并非逐鹿中原事件的偶然发生，而是逐鹿游戏的长期持续性或一贯性，确切地说，需要解释逐鹿游戏为什么会成为一个不停的旋涡。到底是什么原因形成了逐鹿游戏的旋涡模式？是什么因素维持了中原的旋涡向心力？可以肯定的是，只要形成了旋涡模式，逐鹿中原就不再是偶然行为而是必然的博弈了。故事的源头由于遥远而若隐若现。

在人类发展出种种征服自然的技术之前，世界是一个无法支配而不可测的存在，因此，人类通向存在之谜的途径是“魔法”。巫术或占卜是最早的魔法，而包括巫术在内的一切魔法实为人类生活所需要的一种技术，按照盖尔（Alfred Gell）的分类，是与生产技术、再生产技术并列重要的“魅惑技术”（technology of enchantment），即用于生产和控制他人思想心理的技术，除了巫术，还包括艺术、音乐、舞蹈、修辞和礼物等[1]。毫无疑问，最为知名而高度复杂的魅惑技术应该是宗教和政治意识形态。然而，书写文字才是最大的魔法，文字的发明使巫术失色，而且也是使一切高度复杂的魅惑技术成为可能的基础条件。

文字把一切事物的信息保存在人可稳定占有的形式里，即使事物消失，信息仍然存在。于是，人通过文字既保住了过去又预设了未来，把属于自然的时间性变成属于人的历史性，这是化时间为历史的创世工程。文字创造了一个以客观方式存在的唯心主义世界，而这个唯心主义的世界能够表达真实生活的一切内容并且以信息的方式加以储存，因此，文字就是为一切事物所立的无法抹杀的字据，或者说是一切事物的精神索引，因此相对于以“摄魂”的方式占有了客观存在的唯物主义世界，

---

1 盖尔:《技术与巫术》，见《民族艺术》2015 年第 3 期。按照盖尔的理解，在今天生活里，魅惑技术仍然处处可见，例如广告、宣传、形象设计，等等。

将万物之魂收纳在文字中，随时取用——这就是最大的魔法。

人借助文字魔法而具有了神力，所以仓颉造字而鬼神夜哭，因为人将通过文字变成唯心主义者而不再需要鬼神之言。在人类无法以唯物主义的方式占有世界时，就以唯心主义的方式去占有世界，人创作或虚构了一个能够解释一切事物的精神世界，从而使生活超越一时一地之束缚，而“唯心地”存在于整个世界和所有时间维度之中。魔法就是力量，于是先民必争魔法。中原远古的“绝地天通”事件[1]就是争夺魔法之役，圣王将巫术权力从民间收归国有，宣告了唯有王者方可占有世界。可是与巫术不同，文字这个最大魔法天然具有普遍可分享性质而无法为任何权力独占，于是，争相分享文字魔法所开拓的精神世界，便成为生存的普遍行为。

中原最早发明了书写文字并且率先发展了以汉字为

1　指远古时代圣王颛顼整顿宗教活动，禁止自由而混乱的民间宗教行为，断绝民间巫师与天神的沟通。可参考作者在另一著作《天下的当代性》（北京：中信出版社，2016 年版，94~95 页）中的介绍。——编者注

载体的精神世界，这个捷足先登的精神世界不仅占有对世界的解释权，而且占有了历史的解释权。作为象形文字的汉字能够独立于语音而存在并且被理解，也就天然地具有普遍的可分享性，所有族群都同样能够使用汉字，而不必非使用汉语不可，于是汉字具有成为通用文字的优势，以汉字为载体的精神世界也就成为一个公用的精神世界。关于汉字之通用性，梁漱溟有一段清楚论述："中文却径取图像符号为主，文字孳衍乃在形体。语言文字寖寖分别并行，初不以文字依附语言，而语言转可收摄于文字。二者恒得维系不甚相远，今古之间即不甚难通。时间距离恍若为之缩短。而字义寄于字形，异族异地不碍相袭（故远如朝鲜，日本，越南等处亦都尝采用中国文字，流传中国典籍）。其结果，遂使种族隔阂为之洞穿，语言限制为之超越，久而久之，一切同化浑忘，三四万万之众，明明由东西南北多族之所合，却竟共一历史记忆，莫不自以为黄帝子孙。"[1]——不过，黄帝所部

1　梁漱溟：《中国文化要义》，北京：学林出版社，1987年版，312~313页。梁启超更早提及汉字的通用优势（梁启超：《中国历史上民族之研究》，见《饮冰室合集 · 文集之四十二》），此处为梁漱溟加以发挥。

原为北方游牧部族，而后成为中原核心部族，这一点不可不察。

既然汉字成为了将时间化为历史的开端，也就占有了中国历史的起点以及中国历史性的路径，从而形成了精神世界的路径依赖：分享这个精神世界就等于分享了历史的起点和路径，分享这个为越来越多的人所分享的精神世界就能够获得更大的政治伸延幅度和能力，也就分享了对自身存在和发展最为有利的更大可能世界。正是在这个意义上说，中原最具特殊性而无可替代的优势资源就是以汉字为载体的精神世界或知识生产系统，这个无形资产比地理中心或物质资源都更为显著也更重要，因为它是具有无穷潜能的力量而不是有消耗限度的资源。毫无疑问，逐鹿中原的旋涡模式当由多种原因合力形成，但其中最具决定性的动力非常可能就在于争夺中原率先创造的精神世界及其知识系统的分享权，特别是优先使用权，也就是争夺知识生产终端和历史的权威解释权。

其中的道理是一个显然的政治理由，从根本上说，也是一个生存的理由：一旦占有了精神世界的主持权，就拥有了对一切事物的命名权、定义权和解释权，同时也就拥有了建立和解释一切规则、法律、制度和程序的权力，即制度性的立法权，进而还拥有定义是非标准、知识标准、美学标准的权力，即精神的立法权。于是，占有了公用的精神世界，就具有支配大多数人心灵（甚至所有人）的力量，或者说，一旦主持了万民共用的精神世界，也就拥有了权力的合法性和社会动员能力，所谓“鼓天下之动者存乎辞”[1]。如果在多种备选的精神世界中，存在着一个精神世界具有无可匹敌的精神生产力和解释力，就必定成为各方势力谋求权力之最大资源，也就成为必争之地。在早期中国，与四方势力相较，中原在经济实力和军事势力上未必拥有压倒优势，即使稍强也不足以决定胜负兴衰，但中原建立的汉字精神世界却是当时无可匹敌也无可替代的最优资产，不仅是最优的政治资源，也是最优的生存资源，因此注定成为天下博弈的必争之地（包括经济、地理、交通在内的其他因素也都是助力或是诱因）。

1 《周易 · 系辞上》。

当然，这只是一个基于理性的合理性的推想。假定这个推想成立，下面的故事就大致顺理成章了。在历史上竞争中原的精神世界的优先使用权最为成功的经典例子当属以周公为首的西周政治家集团。周偏居西北而近西戎，本为边缘小邦，在周攻取中原取代殷商之后，周公集团通过“德”的概念重新定义了天命的归属理由，修改了殷商独占天命的祖神与天帝合一的传统，把天命概念转化为“惟德是辅”[1]的无私普遍的天道。由此，周朝更新了中原精神世界，所谓天命之“维新”[2]，将周的新观念创造性地接续到了夏商的传统上，进而合法地占有了中原的精神世界和历史解释权；周公又创制了天下理念，把政治秩序推向空间极致而使精神普遍化。可以说，周公思想是在时间和空间概念上的政治神学革命：时间变成历史，世界化为天下，并以此为中国开启了大容量的历史性和世界性的存在方式：与天之无穷相配而具有不绝的历史性；与地之广大相配而具有无外的世界性。这

1 《尚书·蔡仲之命》。

2 同上书。

个精神世界的可能容量几近极致，由此可以大概解释中国文化的早熟，也可以解释后世不断加以沿用而不弃的理由。

周朝衰落使列强再次有了逐鹿机会，数百年的春秋战国基本上奠定了逐鹿中原的旋涡模式，形成了逐鹿游戏的稳定向心力。此后历代王朝不断加强这个旋涡效应，使旋涡的规模和力度不断升级。不过，随着中国在旋涡运动中不断扩大，旋涡中心并没有始终固定在中原，与逐鹿游戏的形势变化相应，中国的博弈中心或偏北位移，或偏南位移。当漠北势力逐步成为逐鹿中原的最强竞争者，与中原势力大致势均力敌，时常还强于中原政权，逐鹿游戏的旋涡中心便由中原位移至幽燕一带，与此一致，中国王朝的首都也从西安洛阳移到北京。据周振鹤关于中国都城的研究，金朝和元朝的建都理由已言明了对天下之中的新解释，金朝建都于北京并称之为“中都”，最早明确表达了北京成为中国核心的理由：“唯燕京乃天地之中”；元朝建都北京也有同样的解释：“天子必居中”于是“非燕不可”。[1]但无论旋涡中心如何游离中原核心地区，逐鹿游戏却没有偏离中原的精神世界而始终保持其旋涡模式。另一方面，自宋朝以来，江南享有长期的和平环境和战略后方地位，加上优越的自然资源、农工商的稳定发展，中国经济中心和文化中心移到了江南，这也说明政治博弈的旋涡中心未必总与经济中心一致。

逐鹿游戏的消长与进攻者或防守者的经济学考虑有着明显的相关性。在经济和军事能力范围内，竞争者可承受的成本最大值与预期收益最大值的比例决定了是否进行军事冒险，进攻或防御通常发展到控制了可及资源的最优值为止。这或可解释，为什么即使在中原王朝的实力明显强于漠北游牧族群时，也并不试图征服草原而满足于威慑漠北草原，反过来也可解释，漠北部族一旦势力明显强于中原，就必然南下建立自己的中原王朝，因为最优资源集中在中原。《盐铁论》中记录了汉朝朝

1 周振鹤:《中国历史政治地理十六讲》，北京：中华书局，2013 年版，256 页。

廷关于是否应该武力征服匈奴的辩论，主和派点明了中原王朝不适合武力征服游牧部族的秘密："匈奴之地广大，而戎马之足轻利，其势易骚动也。少发则不足以更适，多发则民不堪其役。役烦则力罢，用多则财乏。"[1]即使出兵草原也追不到匈奴："匈奴牧于无穷之泽，东西南北，不可穷极，虽轻车利马，不能得也。"[2]所以对游牧部族作战以自卫反击为宜："非贪壤土之利，救民之患也。"[3]相反，漠北进攻或占领中原的成本都相对低得多，而收益极大，一旦控制了中原，就不仅拥有充足的经济保障，更可获得可资利用的最大精神资源和政治资源。李鸿宾的研究说明，由于东北族群自古便与中原来往密切，有更多的互相了解，最具备入主中原的知识准备，因此对逐鹿中原也最有兴趣。[4]事实确乎如此，除了蒙古不可思议的一度辉煌，能够成功入主中原的北方族群多为东北

---

1 《盐铁论 · 备胡第三十八》。

2 《盐铁论 · 西域第四十六》。

3 《盐铁论 · 伐功第四十五》。

4 李鸿宾：《逐鹿中原：东北诸族南向拓展的秘密》，见《中国社会科学报》2015-1-29。

部族［鲜卑、契丹、女真（满洲）等］。

逐鹿游戏各方势力的消长也导致了中国式的“分合循环”模式，所谓合久必分，分久必合。欧洲历史上也曾有分合，合的理由是帝国（罗马），分的主要理由是民族或宗教教派。欧洲对分的兴趣胜过合的动力，原因之一便是民族和宗教的精神向心力强于对帝国的认同。古代中国没有一神教，因此各种信仰都未有唯我独尊的强势要求而能够接受兼容存在；也没有民族主义或种族主义，因此各地文化都没有不可商量的排他性，虽也存在某种自然产生的文化差异或族群隔阂，但在精神力量上远弱于天下概念的诱惑，终究还是较容易接受兼容存在。不过，精神理由只是合的必要条件，却还不是充分条件，终究需要推动和成就“合”的集体行动。逐鹿游戏的旋涡向心力正是导致合的动力因素，当逐鹿游戏的向心力强度发展到一旦卷入旋涡就成为旋涡的一部分而把整个中国变成一个旋涡式存在，其旋涡效应就使“合”成为必然之势。对于每个竞争者而言，“分”都不是最大利益之所在，只是竞争能力不足时的自保策略，或是博弈陷入僵局状态的权宜之计，而“合”乃是旋涡本身之大势，也是可期望的最大利益之所在。

先秦是天下时代，而天下体系本身是包含分之合，故为分合一体模式，自秦朝建立大一统中国，分合运动便进入分合循环模式。从秦朝算起，中国的南北朝状态或多方割据状态甚至长过大一统的时间，包括匈奴、鲜卑、突厥、契丹、女真（满洲）和蒙古在内的众多北方族群割据半壁中国的时间占中国历史过半，其中主政整体中国的时间也有三百多年（元朝加清朝，还不包括皇家为鲜卑人的隋唐）。如前所述，旋涡模式的一个根本特性在于其强劲的卷吸力，以至于竞争失利者难以全身而退（只有极少数得以自保），如果竞争失利而拒绝“合”，就往往因完全出局而失去一切利益，甚至失去家园而远遁。既然中国的旋涡式存在不断卷入众多族群，就必定形成多族群多文化的共存局面，而共存是一个共同的理性选择，否则各方永无宁日，显然不符合任何一个族群的利益。多族群多文化如何共存，或者说，如何在“合”

中有“分”，就成为任何一个主政王朝必须解决的问题。这个问题本来在先秦的天下时代中并不存在，因为天下体系本身就是一个分合一体模式，而在大一统的制度条件下如何实现分合一体，就变成了一个新问题。如何在大一统制度下建构万民共在方式的问题导致中国发明并一直实行混合制度，一国两制或一国多制。

是谁发明了一国多制？毫无疑问，一国多制的发明与周朝的天下经验有着渊源关系，但不是周朝的发明。周朝的天下体系兼容并蓄，合中有分，万国一体而各有其俗，然而天下体系不是一国秩序，而是世界秩序，并非一国多制，而是包含多国多文化的世界制度。但可以肯定，周朝的天下概念是一国多制的灵感来源，秦汉以来，中国历代都大致奉行周朝天下体系“不求变俗”原则的政治遗产[1]。事实上并非完全不变其俗，而是不全变其俗，各族群在共存中互化之事一直存在。

秦朝过于短暂，未及面对一国多制问题就终结了。当汉朝与匈奴卷入胶着博弈，继而又开通西域，才开始

1 《礼记·曲礼》。

直面众多族群如何共处的问题。汉承秦制，以“大一统”制度取代了周朝的“协和万邦”秩序，然而，一统制度只是解决了直辖地域的“同”问题，却不能解决“不同”之族群之间的“和”问题。对于军事实力与汉朝相当或虽略逊却难以平定的匈奴，汉朝试图通过和亲方式将其纳入朝贡概念，但匈奴与汉朝是竞争对手，并不是汉朝的加盟者，朝贡实为名不副实的概念挪用。不过，既然秦汉以来的中国仍然沿用天下的概念，是一个内含天下结构的国家，因此，汉朝并没有把匈奴看成是对等的外国，而是理解为秩序挑战者，因为漠北地区仍然属于舟车可达的天子法定地域，正如贾谊在解释汉朝与匈奴关系时所言：“今天子自为怀其民，天子之理，岂下临人之民哉？”[1]很明确指出了匈奴是天子之民，而不是他国之民。汉朝的政治新经验其实首先来自开通西域。西域存在众多小部族，缺乏统一性，众多部族之间多有冲突，与匈奴也有冲突，而又居于丝绸之路一带，与汉朝有着可期待的贸易利益，因此有积极性与汉朝建立加盟

1 贾谊：《新书·匈奴》。

的政治关系并寻求强汉的庇护，“西域思汉威德，咸乐内属”[1]。当汉朝的势力延伸至西域，就面临文化差异问题。郡县制的直接统治并不适宜于加盟的西域族群，于是汉朝发明了一种秩序延伸制度，称为“都护”[2]，即监护官制度。汉朝设立的西域都护府，相当于郡的地位，却不是郡。都护府没有太守（行政主官），只设都尉或校尉（军事主官）。这意味着，都护府只是军事监护单位，而不是社会管理单位。都护府的主要功能是军事据点，驻军屯田，看护西域，所看护的西域小国最多时达 50 个。[3]由于不具行政管理功能，都护府意味着不干涉西域各部族的自治秩序，只维护西域与中央王朝的加盟关系。都护府大概是中国最早的“一国多制”秩序，其“羁縻”原则[4]

1　班固:《汉书 · 卷九十六下 · 西域传》。

2　班固:《汉书 · 卷七十 · 郑吉传》。

3　孟祥才:《中国政治制度通史 · 第三卷》(白刚主编)，北京：人民出版社，1996 年版，257~258 页。

4　羁縻是王朝控制边疆的一种因地制宜的制度，具体政策因时因地而有所不同，其基本原则是中央政权控制下的地方自治，要塞通常有派驻军队，但不干涉地方传统生活和管理方式。杜佑曰：“道德远覃，四夷从化，即人为治，不求其欲，斯盖羁縻而已。”(《通典 · 卷一七一 · 州郡典序》，北京：中华书局，1988 年版)

成为后来隋唐羁縻制度的基础。

十六国时期北方游牧族群进入中原建立了并立割据的多个政权，治下汉人众多，因此实行“胡汉分治”制度。匈奴刘渊的汉国最早建立胡汉分治，皇帝身兼胡汉两族之共主，下辖两套官员，分管胡人和汉人。基本格局是胡人当兵，汉人种田，胡官统军，汉官管理经济和社会，因此，胡汉分治同时就是兵民分治，[1]于是把国家划分为“军队”和“社会”两个空间，虽是两制，却不是政治上的一国两制，更像是社会分隔制度，或者说社会分治制度。

唐朝的羁縻制度则是具有政治性的创新，在某种程度上具有天下概念的古意。唐朝地域广大，族群众多，因此设立羁縻州作为中原“正州”以外地区的行政单位，其分治原则是有分民而无分土，是相当成熟而灵活的一国多制的制度安排。值得注意的是，唐朝的羁縻制度只是以中原为政治核心，却排除了文化中心意识，是一个

1 黄惠贤:《中国政治制度通史 · 第四卷》(白刚主编)，北京：人民出版社，1996 年版，72~80 页。

基于文化平等的政治制度，唐太宗也因威重德隆而身兼天子与天可汗双重身份，成为农耕地区与游牧地区的共主。唐太宗对此制度创新十分得意，他宣称："自古帝王虽平定中夏，不能服戎狄。朕才不逮古人而成功过之"，并且解释说："朕所以能及此者，止由五事耳。自古帝王多疾胜己者，朕见人之善，若己有之。人之行能，不能兼备，朕常弃其所短，取其所长。人主往往进贤则欲置诸怀，退不肖则欲推诸壑，朕见贤者则敬之，不肖者则怜之，贤不肖各得其所。人主多恶正直，阴诛显戮，无代无之，朕践祚以来，正直之士，比肩于朝，未尝黜责一人。自古皆贵中华，贱夷、狄，朕独爱之如一，故其种落皆依朕如父母。此五者，朕所以成今日之功也。"[1]唐太宗所言虽是自我表扬，却也基本如实。盛唐之时，各族才俊多为高官，长安胡人如云，胡汉不分彼此，胡服胡乐皆成流行时尚。唐代羁縻州辖区内的制度依照该地区民俗而定，拥有很大程度的自治权。羁縻州的自治程

1　司马光：《资治通鉴 · 卷一九八 · 唐纪十四 · 贞观二十一年》，上海：上海古籍出版社，1997 年版。

度各有不同，其中自治程度最高的是完全维持族群传统制度，从行政主官到各级官员皆由本族人担任，此类羁縻州的都督、刺史、都护之类皆为部族首领世袭；自治程度其次的是中央派驻监督官员；自治程度稍弱的是中央派驻行政官员与本地官员联合管理[1]。据谭其骧的研究，羁縻州情况十分复杂，皆根据具体关系而定，部分羁縻州因关系变得更为密切而转为正州，也有部分正州随情势变化而转为羁縻州，另有一些遥远的羁縻州有名无实，并无实际控制，只相当于朝贡国而已[2]。

辽代实行蕃汉分治，北枢密院以契丹老法管理契丹人，南枢密院以汉法管理汉人。[3]蕃汉分治没有社会隔离的含义，并非胡汉分治的翻版，而是依俗而治。在辽朝高层中多有汉人官居宰相、枢密使、元帅、尚书、节度使、大将军之类一等要职，如韩德让官至大宰相、总南

1 俞鹿年：《中国政治制度通史 · 第五卷》（白刚主编），北京：人民出版社，1996 年版，256~260 页。

2 谭其骧：《唐代羁縻州述论》，见《长水集续编》，北京：人民出版社，2011 年版，150~161 页。

3 李锡厚、白滨：《中国政治制度通史 · 第七卷》（白刚主编），北京：人民出版社，1996 年版，2 页；74~87 页。

北二枢密，封晋王，已经位极人臣。[1]元朝制度则尤其复杂，大体上以蒙古制度为尊，同时附会汉法，多制并举。例如法律是蒙古法、汉法以及回回法的多元联合体。[2]元朝地域极其广阔，大多数地区的社会文化情况对于元朝都是新经验，而元朝尚未形成稳定成熟的制度就衰落了，因此制度缺乏一致性。粗略地说，元朝在军事统治下基本上维持各地的传统习惯，类似于军人政权。明朝大致沿袭唐朝的一国多制，边疆地区维持各族群的传统制度，其中，元朝特为西南民族发明的自治土司制度在明朝进一步发展成为成熟制度。清朝继承了明朝制度，在中原地区采用高度汉化的治理，在边疆各地实行自治与中央监管的混合制度，在细节上又多有改进。大概言之，中国一直是多制的复合政治秩序：在先秦天下时代，是多国一体秩序；自汉以来，是一国多制。

逐鹿的旋涡模式所形成的中国既为多文化多族群混

1　王桐龄:《中国民族史》，长春：吉林出版集团，2010年版，394~398页。

2　姚大力:《蒙元制度与政治文化》，北京：北京大学出版社，2011年版，280页。

合体，其中多文化的互化是一方面，而多族群的融合又是一个问题。虽是互相同化融合，但所谓的“汉人”或“汉文化”终究是主干，因此经常被认为是汉化。这是个相当混乱的问题。“汉”的概念不仅自身具有复杂性，而且经常与“中国”概念混为一谈。汉族是现代民族观念所追认的界定，可问题是，中国从来不是民族国家，而是不断生长的弹性存在，其伸展度取决于逐鹿游戏的规模，凡是进入游戏旋涡的地区和族群都是中国的共同创造者。黄帝、炎帝是西戎或东夷，商源于东夷，周源于西戎与夏之混合，隋唐皇家血统以鲜卑为主，更不用说元与清。最古的中原“本地”族群是什么样的，有什么故事，已经很难判断，而通常认为的古中原标准族群如夏、商、周等，实际上也是“外来户”[1]。先占据中原的族群与后继不断进入中原的周边族群［匈奴、突厥、鲜卑、羌、藏、契丹、女真（满洲）、蒙古、苗，等等］一直在融合中形成新中原人，其多族混合的结果就是现代所命

1 姚大力：《蒙元制度与政治文化》，北京：北京大学出版社，2011 年版，280 页。

名的汉族。古代中国或有生活方式与礼教之分，或有农耕游牧之别，却无种族或民族之分。中国人被称为炎黄子孙，炎帝属于农耕部族，而黄帝则是“迁涉往来无常处”的游牧部族[1]。在夏商周时期，一些北方或西北族群本来也居住在中原深处。据王桐龄的研究[2]，直到春秋时期仍有不少北方或西北族群的诸侯国位于中原，分布在陕西、山西、宁夏、河北、山东、河南等地，因在逐鹿博弈中失利，才不得已从自然条件较优的中原退向自然条件较差的漠北。最后一个北狄强国中山国（河北中部）直到战国中期才被赵国攻灭。汉朝以来，漠北势力重新变得强大，又纷纷加入逐鹿游戏。较晚加入中国旋涡的是吐蕃藏族，而居于比较发达藏区（青海甘肃的部分地区）的藏族则更早就加入了逐鹿游戏并多次割据于中原。公元 763 年，吐蕃曾一鸣惊人地攻陷了中原王朝的首都长安，几乎有机会入主中原却终于功败垂成。

从旋涡模式可见，“中国”是一个远大于“汉”的概

---

1 司马迁：《史记 · 卷一 · 五帝本纪》。

2 王桐龄：《中国民族史》，长春：吉林出版集团，2010 年版，18~28 页。

念。任何一种主观叙事都与中国的概念有所偏差，因此只能由逐鹿旋涡的客观动力结构和生长方式的硬性历史事实去界定。史书中所见之“历史事实”往往为主观叙事所建构，以最为复杂的元朝为例，明朝对元朝的叙事、元朝的官方叙事、蒙古的传统叙事以及西域关于元朝的叙事所理解的元朝性质各有差异，皆为主观叙事的“软事实”。我们只能尽量采用“硬事实”，即最为收敛的可公度事实（the commensurable facts），也即前文所限定的只以政治和经济利益为准的“最大利益”所能够理性解释的事实，并且只以历史行为者的最大利益为客观依据去理解历史事实。以此观之，元朝虽以蒙古为尊，其最大利益却在中原，故忽必烈决定成为中国皇帝实为谋求最大利益的理性选择。这也同样可解释为什么元顺帝兵败退至漠北而仍自认是元朝皇帝，史称北元，后只因反攻无望才瓦解。

王桐龄所著《中国民族史》以几近完美的材料描述了中国众多族群的互相同化过程。据其所考，历代王朝分别为各族群所建立：金和清为满族所创；前赵、后赵、夏、北凉、元为蒙古族所创；前燕、后燕、西燕、南燕、西秦、南凉、北魏、北周、北齐、辽为满蒙混血民族（鲜卑、契丹等）所创；后唐、后晋、后汉为回族所创；前秦、后秦、后凉、西夏为藏族所创。另外，在号称汉人的国家中，齐国实为汉人与东夷的混合，秦国为汉人与西戎的混合，晋国和燕国为汉人与北狄的混合，大理为汉人与苗族的混合，而在号称汉人为主的大一统王朝中，秦、汉、晋、隋、唐、宋、明都是各族的混合。[1]

无论古代中国各族是否有天然的自我中心意识，重要的是，外族并不被理解为必须回避的禁忌，罕有不可逾越的族群界限。对于古代政权，政治权力是最要紧的利益。一个王朝是否拒绝其他族群分享政治权力，就是对族群意识最直接的检验。王桐龄发现，无论谁主政中国，政治权力或统治阶层都向所有族群开放。他罗列了极其详细的证据说明每个王朝的高层官员分别来自众多族群。例如，在以汉人为主的朝代中，见于史册的非汉

1 王桐龄:《中国民族史》，长春：吉林出版集团，2010年版，序言。

人官员的情况是（载入史册者通常是高官或名人）：在隋朝有匈奴、鲜卑以及其他胡人共51人；在唐朝有鲜卑、突厥、高丽、吐蕃、契丹、回纥、日本、印度等民族共122人，其中多有名将名臣，如尉迟敬德是鲜卑人，哥舒翰是突厥人，高仙芝是高丽人，元稹是鲜卑人，李克用是沙陀人（另据《贞观政要》，唐朝早期，五品以上非汉人官员多达官员之半数[1]）；在宋朝有鲜卑、匈奴、突厥、党项、阿拉伯等民族共34人，如名将呼延赞是匈奴人；在明朝有蒙古、女真（满洲）、回鹘等民族共174人。反过来情况也类似，在以非汉人为主的朝代中，见于史册的汉人官员在辽朝有68人，包括位极人臣的韩德让和赵延寿；在金朝多达277人；在元朝，因功被赐蒙古名字的汉人高官有37人，包括名将史天泽、张柔、张弘范等；[2]至于清朝，汉人官员多于满族官员，其中更不乏众所周知的名将重臣，无须罗列。另一个重要检验标准是通婚，

---

1 《贞观政要·安边》："自突厥颉利破后，诸部落首领来降者，皆拜将军中郎将，布列朝廷，五品以上百余人，殆与朝士相半。"

2 王桐龄：《中国民族史》，长春：吉林出版集团，2010年版，335~525页。

历代中国各族通婚（包括皇族宗室与外族通婚）从来都十分普遍，并无禁忌，唯独宋与元有所顾忌，以宋朝最为极端，皇族完全不与非汉人通婚；元朝宗室很少与汉人通婚，汉人女子入宫仅有9人，公主则不与汉人通婚。[1]可见，各族通婚融合是历史常态，而通婚禁忌只是冲突激化的偶然语境下的历史变态。

至于所谓汉文化，虽以古中原文化为其基本基因，却也是众多文化不断混合的结果，因此应该更准确地称为中国文化。如果需要对中国文化给出一个最具特征性的描述，也许可以说，那是一个以汉字为主要载体，有核心基因而无边界的开放兼收的精神世界。这个精神世界一直在生长过程中，历史上已经吸纳了众多文化的信息，在多种文化的互化过程中，制度、服饰、美术、音乐、饮食、工具、语音、习俗皆多有变化，唯有作为精神世界载体之汉字保持其超稳定性，而汉字承载着中国文化最为根本的基因。

1　王桐龄:《中国民族史》，长春：吉林出版集团，2010年版，440~441页。

汉字的超稳定性或与汉字本身的图像性有关。一方面，作为媒介的汉字在表达外在世界时建构了一个对象世界；另一方面，作为图像的汉字自身却又构成一个具有自足意义的图像世界。图像文字不仅建构了不可见的概念化意义，而且建构了可见的意象，因此不仅具有相当于抽象概念的意义，另外还具有视觉（或者说艺术）含义和情感含义，因而构成了一个包含全部生活意义的可能世界。可以说，汉字不仅是表达思想的媒介，而同时是一个心处其中的生活场所，于是，汉字既是工具也是世界。图像汉字的这种特殊性使汉字超越了作为能指（signifier）的符号而另具有自身独立意义。通常语言的语音意义在于意指（the signified）或所指（referent），或者说，语音符号的意义即指示（significance或reference），这意味着，符号本身并无独立意义，若失去与所指的约定关系，符号的意义即为空，或为不可识别的任意性。作为图像的汉字却具有双重意义：所指意义和显现意义（presentment），既能指物，本身也自成景观。公孙龙的费解名言“物莫非指，而指非指”[1]或许针对的就是汉字的特殊性：事物皆为文字的所指对象，而文字自身的意义不等于指示，而另有多出指示之意义。汉字作为“指”，当然具有符号的指示功能，但汉字这种“指”本身又是具有独立意义的图像，也就建构了一个“天下之所无”[2]而独立于对象世界的内在精神世界。因此，汉字超出了符号学的范围而同时属于神话学、心理学和哲学。

进一步说，汉字图像所构成的还不仅是一个精神世界，同时又是一个自身具有建构功能的精神主体——那是一个匿名的主体，一个文化主体，于是汉字兼备所思（cogitatum）与我思（cogito）的功能。一个生活在汉字中的中国心灵总是兼有双重主体性，即具体落实为个人心灵的主体（a mind）和共享的一般汉字精神主体（the spirit），因此总以双重主体同时凝视世界：个体心灵（mind）在看世界的同时，汉字精神（spirit）也在“看”世界，或者说，同时以“我”与“我们”的双重眼光去

1 《公孙龙子 · 指物论》。

2 同上书。

看世界。典型情况如古典诗词，一方面表达了诗人看到的外在世界，另一方面又是诗人以汉字建造的另一个自足的图像世界，这使诗词具有自然世界与图像世界的视界重叠而互相印证的效果。汉字一方面以象指物，另一方面以象建造了精神之形，精神之形与自然之形的相逢便是“形而上”和“形而下”的汇合处，因此赋予特殊性以普遍性，使历史性具有当代性，这种意象的厚度和深度无疑是一种恒久的精神吸引力。

中国的汉化固然与汉字精神世界的吸引力有关，但汉字精神世界之所以成为众多逐鹿势力的共同选择的聚点，终究还是落实在逐鹿者对利益的理性选择中。所谓理性选择，首先追求最大安全，其次追求最大资源。正因为不断混合而接受汉文化的“汉人”占中国人口的大多数，因此，对于有能力入主中原（无论半壁还是全境）的其他族群，征用汉文化为已所用显然于己是一种以最小成本去保证最大利益的最佳策略，不仅利于政治安全和经济利益，而且可以借助汉文化的精神世界而获得政治合法化解释，并且利用久经考验的管理制度去维持政治秩序。既然以汉字为载体的精神世界具有最大的信息储存空间和最大的信息生产能力，也就具有最大的信息输入和输出能力，这对于建构政治神学和历史叙事，对于建立制度和组织社会都是最优资源。对于逐鹿胜利者，这是显而易见的好处，几乎不可能视而不见，除了意气用事的非理性拒斥，无人会拒绝征用这个最优资源来确保自身的最大利益。最早自觉征用中原历史叙事为自身正名的是拓跋魏（北魏），孝文帝以行政法令推行全盘汉化，自认鲜卑是与中原诸夏各部平行的黄帝后裔："昔黄帝有子二十五人，或内列诸华，或外分荒服。昌意少子，受封北土，国有大鲜卑山，因以为号。……黄帝以土德王，北俗谓土为托，谓后为跋，故以为氏。"[1]无论鲜卑、契丹、女真（满洲），乃至蒙元，皆无例外地主动接受了中原的精神资源。在西方精神世界进入亚洲东半部之前，以汉字为载体的精神世界是这个广域里无可匹敌的精神资源，所以汉文化自然成为众所征用的共同资源。

众多族群逐鹿中原，胜负强弱并无定数，不变的只

1 《魏书·卷一·序纪》。

是旋涡模式。逐鹿游戏的旋涡规模决定了中国的体量，只要卷入逐鹿游戏之中的地方就成为中国内部，而与逐鹿游戏无涉的地方便是中国外部。由于中国的体量在历史中不断变化，因而“内外”也是一个容易被误读的概念。在先秦的天下时代，根据天下无外的原则，天下无界，但每个政权所辖之地是有界的，因此，相对于政权辖地来说，就存在着内外之别。对于周朝宗主国之王畿而言，所有诸侯国都是外部，而诸侯国之间也互为外部；对于有着宗亲关系的分封诸侯国（所谓诸夏）来说，四方之东夷、北狄、西戎、南蛮的加盟诸侯国是外部；对于天下体系内部的所有诸侯国而言，尚未进入天下体系的远方四海之地就是外部。天下体系终结之后，整个中原成为秦朝的直辖地（类似于王畿地区为周王的直辖地），中原以外的相关地区属于尚未治理的外部，但有别于与中土毫无相关性的外国。秦汉之后，天下不再是政治制度，却仍然是一个哲学视野，因此，内外并非指中国有别于外国之内外，而是治理之地与未治之地之别，乃是以政权为界的内外概念，非以国家为界的内外概念。

因此，中国之内外只能理解为一个动态概念，即中国旋涡所及之处为内，旋涡不及之处为外。

这里不得不提到经常被误读为中国边界的长城。[1]早在秦长城之前，中国已经建造了多条长城，遗迹尚在。春秋战国时期，诸侯争霸，战争频发，各国为了自保而开始各自修建长城，并非边界之墙，实为各国在军事前沿根据地形所建造的战争工事。齐国最早修建长城，在其南部修建了长达千里的长城，其中西南段长城用于防御晋国，而正南、东南段长城意在防御楚国和越国[2]（虽然齐国与楚国和越国并不接壤，其间分布着众多小国，但作为大国的楚、越经常跨国征战）。楚、鲁、魏、秦、燕、赵、中山诸国随后也都修建了各自的长城。这些长城多半用于防御或进攻中原的其他诸侯国，只有一部分用于防御漠北游牧族群。如齐国长城全部是防御中原

1　苏秉琦早就指出："把长城说成国界完全不符合历史真相"，是一种"荒诞歪曲"。见《苏秉琦文集 · 卷二》，北京：文物出版社，2009 年版，286 页。

2　段清波、徐卫民:《中国历代长城：发现与研究》，北京：科学出版社，2014 年版，1~17 页。

诸侯国的。燕和赵都各有北长城和南长城，北长城用于防御漠北游牧族群，南长城用于防御中原诸国。中山国（游牧白狄）的长城却是朝西的，是为了防御赵国。[1]楚国的长城则北向而用于防御或进攻中原，如此等等。显然，各国长城的修建取决于竞争者所在方向。秦朝长城则只是为了防御游牧族群，因为秦朝一统中原之后，竞争对手只剩下漠北势力了，而西域在那时尚未卷入逐鹿游戏。秦以后历代修建的多条长城同样说明了长城的意义取决于谁是竞争者，而不是汉地与游牧之地之间的国界。如北魏王朝在内蒙古地区修建长城是为了抵御同为游牧民族的柔然，[2]高句丽修建长城是为了防御唐朝的进攻，[3]辽在黑龙江、辽宁到内蒙古一带建有漫长的长城，而辽长城以外地区（远至俄罗斯部分地区和整个东北以及部分东西伯利亚）仍然是辽的辖地，并不是外国，就是说，辽长城完全位于辽的内地，几乎居中，显然与国界毫无

1 段清波、徐卫民:《中国历代长城：发现与研究》，北京：科学出版社，2014 年版，114~156 页。

2 同上书，247~248 页。

3 同上书，284~285 页。

关系，而是预防桀骜不驯的女真（满洲）和室韦等部族反叛。[1]

多数长城之所以位于与秦长城或明长城的重合地带或南北相去不远的位置，真正的原因是这一带几乎就是古代中国两大经济区的分界线，即游牧（渔猎）经济和农耕经济的分界线，同时几乎就是中国东部季风区与西北干旱区的分界线，也是中国的400毫米等降水量线，或半湿润和半干旱地区的分界线，大致符合“胡焕庸线”[2]，即自黑河至腾冲的斜切线。地图上的这条斜切线在具体地形上当然不是直线，而是依地形变化而弯曲、偏离或犬牙交错的连线。胡焕庸最早通过统计数字证明了中国的地形图、雨量图和人口分布图三者的大概一致性。这条线具有如此多层重叠一致的含义，在很大程度上影响了逐鹿游戏的博弈状态，大概把古代中国分成了游牧（渔猎）势力和农业势力两个大区域，也通常是一国两制

1 段清波、徐卫民：《中国历代长城：发现与研究》，北京：科学出版社，2014年版，304页。

2 胡焕庸：《中国人口之分布》，见《地理学报》1935年第2期。

（或一国多制）的分界线。不过这种划界只是大概，在长城外部也有农业存在。

从长时段来看，这两大区域的军事力量大致势均力敌，各有兴衰之时，而经济生产方式以及生活方式的差异使长城一线最容易成为两大势力的博弈均衡线，两大势力在力竭休战或理性言和之时，往往就停止在长城一线。但每次博弈的均衡线都有所出入，如河套地区，虽属干旱区，却有良好的灌溉条件，因此农牧两可。自战国以来，河套地区便反复易手。[1]大概言之，自从中国逐鹿博弈由东西争胜转为南北争胜，[2]长城一带就是典型的博弈均衡线，除非某一方拥有势不可挡的实力而实现大一统。当然，长城并非唯一的博弈均衡线，在南北争胜中，北方胜过南方的时候较多，因此，除了长城一带，其次的博弈均衡线便是淮河秦岭一带，再次是长江。总之，长城不仅不是边界，反而是逐鹿博弈的中心地带，是中

1　周振鹤：《中国历史政治地理十六讲》，北京：中华书局，2013 年版，75~77 页。

2　傅斯年：《民族与古代中国史》，石家庄：河北教育出版社，2002 年版，3 页。

国的南北中线。这也能够解释为什么当中国的核心随着博弈旋涡的变化而从中原位移到了北京。北京就位于这条博弈均衡线附近，最利于同时控制南北局势，因此，有能力同时控制南北中国的大一统王朝往往选择定都北京。苏秉琦对长城地带甚至有着更积极的解释，他将长城地带理解为“各民族文化的熔炉”，是农区与牧区两种文化最活跃的互动空间，虽有冲突，但更有互补和互相依存[1]。自从大清一统长城南北，长城变成了怀古遗迹。

兴衰得失一时计，是非成败转头空。旋涡是个古代中国故事，现代中国早已进入另一种格式的现代博弈，然而中国的生长方式已经铸成一种长存的方法论。有方法就有青山。

1 苏秉琦:《苏秉琦文集 · 卷三》，北京：文物出版社，2009 年版，271 页。

第四章　方法与命运

“中国旋涡”虽是历史时势所成，而其演化能够连续不衰，却有其方法论理由。如前所述，数千年间，四方之民不断卷入逐鹿游戏，或得天时而成霸业，或因人和而得久安，或得其宜而融合，或因不利而退出，王朝更迭，人物常新，风貌多异，但历史中行动者的兴衰成败只是改变了故事情节，却没有改变故事的深层结构，即其旋涡模式，于是中国从无断绝。古人或称其为天命，类似于说存在着“看不见的手”。天命虽不可见，却有迹可循。历史中可见者皆为人谋，而天命以匿名或无名的方式隐于人谋之中，天命之所以是匿名或无名的，是因为它不属于某个博弈行动者，而属于维持旋涡运行的方法论。3000 年来主导中国旋涡的是一个以“变在”（becoming）为存在方法论的文明。方法就是天命。

变在拒绝固守本质，而以方法为本，因而可以接受各种异质。本质意味着永远不变的自身同一性（identity），是一个将异己性排斥在外的划界概念（delimitation）。执守自身同一性的本质虽可不失本色，却未必能够长久存在，反之，变在之存在并不划界以守护自身同一性，也就不会拒绝本质的变化，故能卷入一切异己而化为一体，所以中国才得以长存。空间性的中国之所以能够长存而不被外力所解构，实得益于时间性的中国方法论，即自古“以变而在”（being in becoming）的生长方式。中国初民选择了以变而在的存在方法论，就预示了中国的命运：在主动变化的得失与被动改变的磨难中不断生长。因此说，中国存在之本在于其变在的方法论，或可称为作为方法论的中国。变在的方法论也促成了经史为一、经史互证的中国精神世界。以史为经，史不绝则经可续；以经开史，经循道而史作实。

有什么样的方法就能够建构什么样的精神世界。如果一个文明能够建构一个不可替代的精神世界，就拥有无法撤销的天命。何谓不可替代？并不等于“不可比较”或“不可通约”（incommensurable）。单纯不可比较者无非个性而已。文化个性虽有其特色，却不是一种文明得以生存的理由，因此不能解释一种文明的生命力。没有哪一种文明能够因其个性而得以长存，也没有哪一种不可比较的风格是不可替代的，所以，不可比较不等于不可替代。一种文明之所以长存，必定在于它有能力建构一整套普遍叙事而得以解释生活的根本问题（世界、未来、他人、生死、兴衰等）；并且，或者有一种极其强健的能力（robustness，[1]博弈论用语），因而百毒不侵；或者有一种万变能力，因而能够开拓无穷生长的余地，能够应对一切变化的可能性，中国文明属于后者。简言之，能够长存的文明必定对生活有着长久有效的解释，否则必因其解释能力的不足而崩溃。

---

1 Robustness通常被译为不明其意的“鲁棒性”，比较准确的意思是“皮实”或“特别结实经得起折腾”的能力。

任何精神世界都设有不予质疑的信念（宗教或形而上学）。不予质疑并非不可质疑，而是说，总有某些信念，对其质就疑不可能获得知识结论，因而是无效的质疑[1]。这样的信念就是思想和生活所必需的前提或界限，它意味着自由意志和思想能力的界限，也就是主体性的界限。不可逾越的界限便是信念所立之处。能够作为思想界限的信念，无论是哲学观念还是文学想象，都具有神话性（但无须表达为神话故事）。神话性的信念未必是知识的基础，但一定是生活的基础。人无神话无以立。

在中国的神话性视界（horizon）里，人之在世，不可能想象没有天地的生活，任何一种可能生活都在天地之间展开，所以天和地就是可能生活的界限，也就是生活的根据（因此乾坤为易象之本）。天长地久而生长万物，因此天地蕴涵一切存在之道，也就是人唯一需要效

1　按照分析哲学的说法，那些形而上学信念缺乏"真值"（truth value），即无以证明也无以证伪。分析哲学一度认为那些缺乏真值的信念不可信任，因此必须加以驱逐，后来才发现，许多缺乏真值的信念实为人类思想不得不依赖的基础观念，因此，形而上学得以回归。

法的对象，所以圣人“效天”、“法地”[1]，试图与自然建立存在论的亲密关系（ontological affinity）而得天地之庇护，使人道通达天道而分享天地生生不息之大德[2]，此乃遵从存在之永在本意。

将自然二分为天地不只是神话图景，也是一种哲学格局，在此，神话即哲学，而哲学亦神话。假如存在始终如一，那么，存在就只是对自身的重言式断定（tautology: being is being），而如果存在只是重言式的自身肯定，既无变化，也无意义，就意味着它不是在时间中的存在，而只是一个无任何实质的纯粹概念。无时间的纯粹存在（being）不是实存（existence），它从未出发也无后继状态，因此与生命或生活毫无关系。存在的时间性无法以同一之无穷重复为定义，而只能由变化所证明。变化便是实在的唯一证据，也是时间的唯一本真刻度。既然存在必须实现为变在，就至少需要两种不同的形态以形成互动而生变化，因此，圣人以最简单的模式

1 《周易 · 系辞上》。

2 《周易 · 系辞下》："天地之大德曰生"。

将存在的互动标示为天地两端，也即阴阳两面，或乾坤二形。人居于天地之间，上承天道，下接地理，身通阴阳二气，因此人自身蕴含互动能力，也就具有发动变化的能力，所以人可与天地并列，所谓“与天地参”[1]而成天一地一人三维格局。然而人终究只是通天接地的效法者，只能贯彻自然之道，不可能成为康德想象的以自身为法则的自然立法者，因此，人之正名是“人”，而不是主体。人所以为万物之灵，不在于勇于僭越，不在于以自身尺度为万物立法，而在于能够弃我从物，在于能超出自身尺度的局限而以万物为尺度，因此能分享天地之道。

中国的精神世界大概始于新石器时代，而基本成型于周代。《周易》既是古史，也是存在的方法论。正如孔子所言：“夫易，开物成务，冒天下之道，如斯而已者也。”[2]天道乃万物生生不息之道，也就是以变而在之道。“天下之道”之要义在于化天道为人道，使人类生生不息而德配天地。解释天下之道的《周易》就成为了中国的

1 《礼记 · 中庸》。

2 《周易 · 系辞上》。

存在方法论，如此深入人心甚至于日用而不知。以变而在的方法，即顺势变通之法，于未雨之时见机而行，所谓“为之于未有，治之于未乱”[1]，在极端变化之前，自身主动先变，以变应变，顺其势而消其力，将“变”引向“化”，即通过自身的变化而把“外部性”转化为可以借力的变量。此种以变通而长久、以转化引导变化之法几乎见于所有行为中，治国、用兵、生产、持家、对人、待物、音律、诗词、笔墨，乃至围棋与武术，所有行为方式都同构地具有“变而化”之法。《周易》谓之“变通”[2]；儒家谓之“能化”之“中庸”[3]；道家谓之“无以易之”的“若水”之法[4]，各家说法虽有不同侧重而其义一也。变化之道，要义在于“化”。假如仅仅是顺应变迁，

1 《道德经·六十四章》。

2 《周易·系辞下》：“穷则变，变则通，通则久。”

3 《礼记·中庸》：“唯天下至诚为能尽其性。能尽其性，则能尽人之性。能尽人之性，则能尽物之性。能尽物之性，则可以赞天地之化育。可以赞天地之化育，则可以与天地参矣。”“诚则形。形则著。著则明。明则动。动则变。变则化。唯天下至诚为能化。”

4 《道德经·第八章》《道德经·七十八章》：“天下莫柔弱于水，而攻坚强者莫之能胜，以其无以易之。”

就只是“变”成环境适应者，而没有“化”为“与天地参”[1]的历史创作者。中国以变化的方法论去生存，同时以变化的方法论去建构精神世界，这意味着，中国精神世界的元规则是方法而不是教义。如众所见，历史上各代不同法，地不同俗，历来移风易俗，古今变化更新，而今尽弃西周近悦远来之礼乐，不见先秦舍生忘死之风度，难觅唐宋豪迈诚挚之才情，文教文章几乎无一可取，可谓大悲，唯余顽强之变通古法，仍然蕴含无限革新与再生的余地。

要解释作为方法论的中国，就必须发现中国精神世界的原始发动点，或思想路径的出发点。自然之天经地义是一切可能生活的前提条件，因此，天地无可争议，唯有居于天地之间的人之所为才生出需要反思的问题。就是说，天地是不成问题的准则，而人是问题的制造者。人之所为称为“事”，其中，天下生计之事则是“事业”[2]，

1 《礼记 · 中庸》。

2 《周易 · 系辞上》：“形而上者谓之道，形而下者谓之器，化而裁之谓之变，推而行之谓之通，举而措之天下之民谓之事业。”

为事之大者。“事”正是导致一切思想问题的出发点，因此说：做事而存在。笛卡儿以“我思故我在”（cogito ergo sum）为第一哲学的公式，其实，若无事则无可思，因此，第一哲学之公式应为“我行故我在”（facio ergo sum），[1]才符合存在的事实。万事以生存为起始问题，生存之所求无非继续存在，乃至永在，即“生生”不息的问题。生生无法独生，因而必需万物互相生生，此乃自然之道。于人事而言，生生必与他人共在，于是，“生生”必定超越单纯的生命问题而展开为生活问题。生命服从必然之理，而生活开启可能之事，因此，由生命而生活的问题转换意味着由必然之理转为可能之事。可能性的出现正是存在的爆发点或临界点，一旦存在超越了必然性而进入可能性，存在就有了未来，有了未来就有事可做，或者说，有了未来，存在（to be）就变成了“事”（to do）。

1　赵汀阳：《第一哲学的支点》，北京：生活 · 读书 · 新知三联书店，2013 年版，228 页。这里采用的笛卡儿公式的通行译法，其实更准确的译法应该是“思而在”，相应地，中国思想公式就应该是“行而在”。拉丁文的 cogito 或 facio 虽然在语法上包含“我”，但却是隐含的，正如古汉语的“思”或“行”也隐含着行为主语。

如果稍加对照西方哲学的追问方向，或可更清晰地理解“事”的问题线索。西方思想的出发点是“物”，即自身完整的实在，万物一理而成“有序之世界”（cosmos），于是，思想的根本问题就是一切存在的本原问题。对本原的反思并不是对世界或万物的起源想象，而是追问万物存在的理由，主要是两个问题：什么是存在？存在者为什么是其所是？其中有个对西方思想有着关键暗示的语言因素，在西方语言里，“存在”与“是”乃一个问题的两面：某物既“在”，而且“是”此物而非它物。在且是，事物的存在就有了本质，即某物确定自身的不变性。本质必须恒定不变，否则无一物是某物，于是，本质界定了某物的排他封闭性，也就在逻辑上意味着清晰定义某物的概念。如果一个概念足以充分说明某物的完整性、独立性和必然性，那么就是一个理念，而表达本质的理念就是知识之所求，真理之所在。知识或真理的格式就是“什么是什么”。由此可以理解西方精神为什么着力于存在、实体、永恒、本质、完美、逻辑、必然性、确定性等问题。既然西方思想焦点在物，因此必格物以求理，考察万物各有之性（physis，物理）的器物知识属于“物理学”，即科学的古名，而哲学是“元物理学”，解释万物存在之不变通理，其中根本之理是逻辑。

与西方思想不同，中国思想的出发点是“事”。事不是实体，而是实体之间的动态关系。事发于行，故因行求道。有规可循之道，是礼教法度，大致相当于西方所谓nomos（规范），而万事动态变化之道，乃是形而上之道。中西两种形而上学的问题各异，但皆为深度思想。在思想主旨上，西方哲学是关于必然性的思想，而中国哲学是关于可能性的思想。在思想结构上，西方哲学是对世界的“字典式”解释，试图建立界定万物的确定理解，简单地说，就是断定“什么是什么”，一切观念皆为“在/是”（being/is）的注脚。中国思想则是对世界的“语法式”解释，力求对万事所生成的关系（天与人、人与物、人与人）的协调理解，尤其重视关系的相互性或万事的合宜性，即古人所谓“变通”“和”或“中庸”，李泽厚精练地概括为对“度”的把握[1]。不过，中国古人并非无视“什么是什么”的论断（孔子的名实论也强调界定的重要性），但显然将“什么变成什么”视为根本问题，因为一切问题皆为对“变在”的回应，或者说，“变在”生事，事生问题，而不变意味着无事，无事则无问题，因此，在中国思想框架中，存在的不变本质（假定事物确实有本质的话）并没有构成问题，而只是一个同义反复的判断。在这个意义上，所有成问题的事情都是“可能性”的展开：变化、生长、未来、不确定性、互动性、合宜度、互补性……。

进一步说，变化乃是天道自然而然，既然天道是前提而不是问题，因此，变化本身也不是问题，而是给定的存在状态，只有对变化做出回应才构成问题，即只有当人做事以回应变化，就制造了问题。换句话说，既然道法自然，凡是能够以自身为准的存在都不是问题，因

1 李泽厚:《实用理性与乐感文化》，北京：生活 · 读书 · 新知三联书店，2005 年版，27 页。李泽厚认为“度”可以看作是中国思想的“第一范畴”。

此天道不是问题（至少不是人的问题，但可以是造物主的问题），而是不可选择的标准，如何在天道的限定条件下形成与之相配的人道，此乃人之所思所虑。人道问题首先正是“生生”，而“生生”的第一步便是生长，这正是中国思想演化线索的始发点。生长之事，必求生长之物“深根固柢”[1]而使存在获得生长的依据，因此生长首先要扎根。“生长”和“扎根”这两个隐喻标示了中国思想的行径。

“生长”和“扎根”的诉求非常可能与早期中国的农耕生活有关。农耕之事，生长唯大，在指望谷物生长而得以生存的人们眼里，存在就在于生长，或者说，生长即存在。生长之事开启了存在的时间问题，在不需要考虑谷物生长的原始生活里，时间是个无穷量而无须计量。事关生长问题的时间并非匀速流逝的抽象矢量，而有着起伏快慢的节奏、有形有象的变化、失而不再的时机与得失未定的未来。同时，生长之事也导致了对空间的重新理解。生长必扎根于不动之地，谷物扎根，农人定居，

1 《道德经·五十九章》。

于是人们不能在空间中迁徙，而必须在时间中等待，以不变的空间去呼应万变的时间，“变通者，趣时者也”[1]，生活跟随时令而动，按照四季、节气、日出日落、月圆月缺提示的一切时机来决定须为之事，与时间变化节奏同步而维持相对不动点，与不确定性保持确定关系，这种生活方式提示着万变与不变合一的“易”理。既然存在即生长，以生长为主题的思想所必须反思的问题就是“日新”的生长之道。生长之道既为存在之道，便进一步延伸为人事之道，最后落实为道德、政治、历史、美学之道，因此，中国自古之制度虽有一时之定制，却无绝对之定理，唯一不变的道就是变通的艺术。在这个意义上，中国思想的最终目标不是逻辑的真理，而是生长的艺术。

生长的艺术（Art）是一种存在论，而不是物象的艺术（fine arts），但生存的存在论也同时显示为美学证据，所以孔子说“成于乐”[2]。这似乎暗示着，生长的形而

1 《周易 · 系辞下》。

2 《论语 · 泰伯》。

上之道总能够显形于形而下之器，于是，生长是一种欢乐，与生长相关之万物也成为欢乐之源。由此可以理解为什么六经中便有诗、乐两经与美学经验直接相关。“乐”并不限于音乐，而泛指一切美学经验，但贯穿着音乐性，与天道变化节奏同步便是生长之“乐”。对此，韩林德有一个洞见：中国对万物万事都作美学化的理解，而这种美学理解是时间性的，也就是音乐性的，可称为“音乐宇宙化”或“宇宙音乐化”[1]，即古人所谓“乐者天地之和”或“大乐与天地同和”[2]。于是，诗词的意象流动是音乐性的，书画的笔墨运行也是音乐性的，山水之间的行踪是音乐性的，历史的兴衰循环是音乐性的，天地时节反复是音乐性的，一切经验皆寻求音乐性的生长节奏。

农耕将生活系于土地而使自然之地成为生长之“本地”，即乡土，而乡土反过来成为了存在的精神基

1 韩林德:《境生象外》，北京：生活 · 读书 · 新知三联书店，1995 年版，192~248 页。韩林德认为，天地万物的分布和运行有其节奏，因此天道本身就是“大乐”。五音十二律正与五行五方、四时十二月暗合，所谓“律历融通”。据《吕氏春秋 · 卷六 · 音律》，十二律乃是以十二个月之“风”而定，《淮南子 · 卷三 · 天文训》也有相类之见。

2 《礼记 · 乐记》。

地——费孝通把中国精神定位为“乡土中国”可谓传神之笔[1]。人对土地的依赖性使土地具有了精神性，土地便不再是漫游途经之处，而是大地母亲，“坤，地也，故称乎母”[2],“坤厚载物”[3]。因此，在生活的画面里，自然并非浑然一体的客观对象，而是分为天地两种精神：天是万物存在的普遍依据，地是每个人存在的特殊依据。既然土地是存在之本地，守土就是守本，本土就成为一个精神概念，而守土也成为神圣责任。本土不仅是谷物扎根的土地，也是人扎根的家园。自己建立的家园虽然只是世界的一个小部分，却有一份完整的生活，因此，拥有家园就拥有一个完整的世界，而拥有世界的人无须远游[4]。立地为主的人仰望天象，俯察地形，环视天下四方，这种

---

1 费孝通:《乡土中国》，北京：生活 · 读书 · 新知三联书店，1985 年版。

2《周易 · 说卦》。

3《周易 · 坤 · 象》。

4 切斯特顿在《论鲁德亚德 · 吉卜林与世界变小》一文中说：一旦扎根于一个地方，地方性就消失了，人就像一棵树那样生长，拥有宇宙的全部力量。四处奔走的人“没有耐心成为任何事情的一部分”，他的世界比农民还要小，因为他总是呼吸某地的空气，而廷布图（非洲马里古城）的人却视廷布图为宇宙，他们呼吸的不是某地的空气，而是“世界之风”。见《异教徒》，北京：生活 · 读书 · 新知三联书店，2011 年版，26 页。

上下四方的环视方式产生了定于一点而无限极远的世界图像，或者说是完整世界的视觉想象，进而化为立于地中而尽收天下的政治眼光（中国的“中之国”观念也与此相关），正如《周易》所云：“古者包羲氏之王天下也，仰则观象于天，俯则观法于地，观鸟兽之文与地之宜，近取诸身，远取诸物，于是始作八卦，以通神明之德，以类万物之情。”[1]环顾八荒六合的世界观就是天下观。此种环视上下四方的世界观同样也转现为一种尽收万物的美学尺度，据韩林德的分析，“华夏民族对天地万物的观照，乃是仰观俯察与远望近察融于一体的目光上下流动、视线远近推移的流观方式”。[2]南宋范晞文最早反思到这种俯仰环视的美学眼光普遍存在于诗画之中[3]。

---

2 《周易·系辞下》。

2 韩林德：《境生象外》，北京：生活·读书·新知三联书店，1995 年版，108 页。

3 同上书，107~108 页。范晞文举例：苏武诗云：俯视江汉流，仰视浮云翔；曹丕诗云：俯视清水波，仰看明月光；谢灵运诗云：俯视乔木杪，仰聆大壑淙，等等。韩林德又有补充：宋玉之“仰视山巅，俯视崝嵘”；张衡之“仰飞纤缴，俯钓长流”；班固之“仰悟东井之精，俯协河图之灵”，如此等等。

理解物是为了理解事。自然变化只是时间性的，而人事变化则为时间标出人文刻度而具有历史性，所以说“物有本末，事有始终”[1]。“物”属于必然性的范畴，本无历史，只有本末，而“事”属于可能性范畴，有始有终，就形成了历史。因此，关于“物的世界”（the world of things）就只有知识论，而“事的世界”（the world of facts）才产生了与人有关的存在论问题。在逻辑上说，物的世界也有存在论问题，但那是属于造物主的问题，人不可僭越妄言。唯有“事的世界”是人可以做主的世界，因此，事所产生的存在论问题同时也是属于人的创世论问题，即对可能生活的创作，或者说创造历史[2]。事皆无必然，事敞开的是可能性，也就使存在有了可能模态，而有了可能性，就有了未来和历史。每时每刻的未来都蕴涵多种可能选项，因此，不同的事造成不同的未来。博尔赫斯在“交叉小径的花园”里称之为“时间的分叉”，

1 《礼记 · 大学》。

2 赵汀阳:《第一哲学的支点》，北京：生活 · 读书 · 新知三联书店，2013 年版，219 页。

他想象了一个古代中国的建筑师建造了一个迷宫般的路径交错的花园，这个交叉小径的花园正是时间分叉的隐喻。那个中国建筑师“不相信单一绝对的时间，而相信存在着无限的时间系列，存在着一张分合平行扩展的时间之网”，因此“时间总是不断地分叉为无数个未来”[1]。博尔赫斯对中国思想要点的理解可谓精准。每件事的问题都围绕着时间分叉所定义的未来性而展开。时间分叉的未来总在唯一的“此时”中收敛为唯一性的事实，可是流逝的事实又在各执一词的叙事中分裂为复数的历史（histories）而复归时间分叉的状态。此时是转瞬即逝的现实，是个临界点：我们身前是分叉的未来，身后是分叉的历史。

既然事的一半是未来，另一半是历史，那么，对于人的生活世界就有两件决定性的大事：“作”与“述”。这两件事给一切事情注入了意义，也使未来和历史具有了

---

1 博尔赫斯:《博尔赫斯短篇小说集》，王央乐译，上海：上海译文出版社，1983 年版，69~83 页。也参见《博尔赫斯文集 · 小说卷》，王永年、陈众议等译，海口：海南国际新闻出版中心，1996 年版，128~140 页。

自觉性。汉字是象形文字，因此古汉字往往保留着“事”的原型（但也有许多已经难以解读），而原型之事必定是十分动人之事，所以成为典型，其中也隐藏着生活的要义。甲骨文的“作”字为，原为“乍”字，“乍”字形为，或为。“作”字最初象形之原型是什么，据说尚无公论[1]。从卜辞的用法看，主要用作制作、建立、建造之类的动词，与后世所指“创制”的意思一致。由此可以想象，能够选中成为“作”字原型之事，必是创造生活所需事物的要事。徐中舒的推测是，作字的图形乃是“作衣之初仅成领襟之形”[2]的象形。这是一种可能性。不过，同样从图形相似性上看，似乎也有可能是以农具耕地的动作的象形，比如说，的图形类似以耒耜挖土的动作（脚踏横木向下用力的动作），或用铲除草的动作，甚至有可能是以犁铧开地的动作，诸如此类。另，的图形中有植物状的分叉小枝，或许暗示将要生长出来的谷物，也可

1　参见马如森：《殷墟甲骨文实用字典》，上海：上海大学出版社，2014 年版，189 页；288 页。

2　徐中舒主编：《甲骨文字典》，成都：四川辞书出版社，2014 年版，888 页。

能是挖掉的杂草，总之与耕田的劳作有关。衣食皆为生活之本，都是极其重要的创作，因此都是可能选项，恐怕不易确证。但如果一定要从中选择，我倾向于农具耕作动作的象征，理由是，农耕之事在生活中的地位应该更为显要：农耕“创作”了谷物生长，应该是初民最容易联想到的典型创作，而且，与生长有关的行为更接近“作”的关键意义：创制未来。不过，无论“作”字来自何种原型（有待专家论证），意义应该是一致的，都同样意味着“作”是创作生活之事。

在形而上意义上，“作”创作的是未来，它把将来时的多种可能性约束成唯一的现实性；“述”书写的是历史，把过去时的唯一事实敞开为复数的历史，变成现实永远可以征引的多种索引或多种线索，所以人是未来和历史的作者。当然，并非生活所有的“事”都可以被称为“作”。事的所指范围大概相当于人们有意图或有计划的一切所为；作的所指范围则收敛为创作之事，在更严格的意义上，必须是足以将时间变成历史的创作，即对存在方式或生活形式有所创制立法，在时间上留下可追寻的刻度之事，才算是“作”。其中要义在于，“作”使本来只有时间性的存在具有了未来性和历史性。为存在立法之“作”是创造历史的行为，也就是人的创世行为，因此具有存在论意义。创造历史之“作”通常被标记为圣人之功，且以几种典型记述为例：

《周易》有一段关于远古伟大之“作”的综述（略有删节）：“古者包羲氏之王天下也，仰则观象于天，俯则观法于地，观鸟兽之文与地之宜，近取诸身，远取诸物，于是始作八卦，以通神明之德，以类万物之情。作结绳而为罔罟，以佃以渔。包羲氏没，神农氏作，斲木为耜，揉木为耒，耒耨之利以教天下。日中为市，致天下之民，聚天下之货，交易而退，各得其所。神农氏没，黄帝尧舜氏作，通其变使民不倦，神而化之使民宜之。易穷则变，变则通，通则久。是以自天佑之，吉无不利。黄帝尧舜垂衣裳而天下治。刳木为舟，剡木为楫，舟楫之利以济不通，致远以利天下。服牛乘马，引重致远以利天下。重门击柝以待暴客。断木为杵，掘地为臼，臼杵之利万民以济。弦木为弧，剡木为矢，弧矢之利以威天下。

上古穴居而野处，后世圣人易之以宫室，上栋下宇以待风雨。古之葬者，厚衣之以薪，葬之中野，不封不树，丧期无数；后世圣人易之以棺椁。上古结绳而治，后世圣人易之以书契，百官以治，万民以察。”[1]

又如《尚书》所记：“（尧）克明俊德，以亲九族。九族既睦，平章百姓。百姓昭明，协和万邦。黎民于变时雍。乃命羲和，钦若昊天，历象日月星辰，敬授民时。”[2]又见《韩非子》论作：“上古之世，人民少而禽兽众，人民不胜禽兽虫蛇。有圣人作，构木为巢以避群害，而民悦之，使王天下，号曰有巢氏。民食果蓏蚌蛤，腥臊恶臭而伤害腹胃，民多疾病。有圣人作，钻燧取火以化腥臊，而民说之，使王天下，号之曰燧人氏。”[3]《管子》也论作：“虙戏作，造六峜以迎阴阳，作九九之数以合天道，而天下化之。神农作，树五谷淇山之阳，九州之民乃知谷食，而天下化之。黄帝作，钻燧生火，以熟荤

1 《周易·系辞下》。

2 《尚书·尧典》。

3 《韩非子·五蠹》。

臊，民食之无兹胃之病，而天下化之。”[1]《吕氏春秋》也言作：“奚仲作车，仓颉作书，后稷作稼，皋陶作刑，昆吾作陶，夏鲧作城，此六人者所作当矣。然而非主道者，故曰作者。”[2]以及《淮南子》：“昔者仓颉作书，而天雨粟，鬼夜哭。”[3]诸如此类关于“作”的记述在古籍中甚多。尤为有趣的是《世本》专设有“作篇”，特别记载了传说中古人的各种划时代的技术创作，包括燧人出火、伏羲作琴、芒作网、神农和药济人、蚩尤作兵、黄帝作旃冕、伶伦造律吕、容成造历、仓颉作书、史皇作图、于则作扉履、雍父作舂杵臼、胲作服牛、相土作乘马、共鼓货狄作舟、巫彭作医、祝融作市、奚仲作车，如此等等[4]。其中，早期文明生活所需的基本技术大多被归为黄帝本人或“黄帝之臣”的创作。据齐思和所考，“作篇”归于黄帝本人之作五，黄帝之臣所作二十三，共计所作二十八事，虽未必尽皆为史实，但几乎都有其他古

1 《管子 · 轻重戊》。
2 《吕氏春秋 · 审分览 · 君守》。
3 《淮南子 · 本经训》。
4 《世本 · 作篇》。

书所载为旁证[1]。这似乎意味着黄帝时期是一个富有创造力的时代。

古人对“作”的认定标准是以制度创作为头等大作，往往被归为圣王之立法，技术之作也被认为是重要而且必要之作，但不及制度，所谓“非主道”，因此只是“作者”，即只在特殊之事上有所发明的人。不过这个政治化的标准似有些疑问，制度之作固然居功至伟，但从历史长时段来看，技术创作无论是舟车铸造还是房屋城池等，都对文明有着极其深远的影响，非一时功效所能评估，其中一些创作之功胜过政治多矣，尤其是农业和文字的发明，决不能归为技术，实乃开道立法的大事，其重要性恐怕难有其匹。事实上，文明各方面的创制皆有开道立法之功，都是对人类存在方式的创作，因此都是化时间为历史的大作。

“述”是对“作”的叙述。历史的存储量远远小于曾经发生的事实，因此并非万事皆须记述，何况人也没有

---

1 齐思和:《中国史探研》，石家庄：河北教育出版社，2000年版，389~414页。

能力记述所有事情，所以只有大事大作方可入史。记与述也有所不同，所有对生活形成后续影响的大事都值得记载，但并非所有必须“记”的事情都值得“述”。所记之事成为历史的账本，所述之事则构成历史之道，就是说，必须“述”的事情必是对存在方式或存在秩序的创作，在这个意义上，历史即“作”之神迹。古人的创制发明不仅在物质上化为惠及后人的生存条件，更在精神上化为今人的思想方式，于是，古代之“作”通过“述”而超越了时间流逝而始终在场，始终言说一种精神，成为后人在世继续存在与继续创作的精神根据。因此，古人之作（making）乃后人之所是（being）。“是”什么（being as such and such）并非因为事物本身的不变本质而就是什么（as it is），而是“作”成什么是什么（made to be）。以人类之事而论，“是”（being）在“作”（making）中才得以成为存在（existence），而“作”在“述”中得以继续存在。一种精神的连续性在于所作化为所述，如章学诚所言，作是立法，述为立教，各有其功，因此

“制作之为圣，而立教之为师”[1]。立法者莫过于周公，而立教者莫过于孔子，因此，“隋唐以前，学校并祀周、孔，以周公为先圣，孔子为先师”[2]。宋明理学兴起之后，偏重“述”的传统，便转而多言孔孟，人们对“述”的关注逐渐超过“作”。有个客观原因：秦汉之后没有出现“乃至于道”的触动根本的政治革新，只有政策改变，因此少见重大之“作”（仅限于制度立法之事而言，工艺诗文书画建筑仍然多有大作）。章学诚认为，其实自周公创制典章制度之后，可“作”之事便所余无多，虽以孔子之才，也因有德无位，即无创制之权，且一心“从周”，无可作，只好“述而不作”[3]而以“述”立教。

不过此事也可另有解释。司马迁暗示孔子之功不能仅归为“述”，因为孔子之述实为精神立法之“作”：“论

---

1 章学诚:《文史通义 · 卷二 · 原道上》，上海：上海古籍出版社，2008 年版，36~37 页。

2 同上。

3 章学诚谓“非夫子推尊先王，意存谦牧而不自作也，夫子本无可作也。有德无位，即无制作之权”。《文史通义 · 卷二 · 原道中》，上海：上海古籍出版社，2008 年版，37 页。

诗书，作春秋，学者至今则之。”[1]孔子之立教，虽非制度立法，却是精神立法。司马迁之见，似乎更为深刻，但其中理由，司马迁未加详细解释。我愿意将其理解为：孔子“作”春秋，确定了历史意识和史学在中国精神世界中至上不移的地位，几将历史化为信仰。由此，中国以历史为精神依据，以历史去解释生活的理由和意义，史书成为中国的圣“经”[2]，故曰“六经皆史”[3]。当然，孔子并非历史意识的创始者，而是标准制定者。中国对其精神世界的自述本来就是历史叙事（《周易》《尚书》《诗经》等皆为古史），而孔子修订《春秋》为历史叙事建立了普遍标准，即人道必须符合天道。春秋笔法的深意在于以

---

1 《史记 · 卷一百三十 · 太史公自序》。

2 张文江认为，六经有两个层次：《易传》《春秋》是一个层次；《诗》《书》《礼》《乐》是第二个层次（张文江：《史记太史公自序讲记》，上海：上海文艺出版社，2015 年版，88 页）。如此突出《春秋》的地位，应是看重孔子作《春秋》的功业，我很赞成这个判断，但如果第一个层次包括《易传》《春秋》和《书》三者，可能就更为合理了，理由是，《书》代表的是西周制度之“作”，《春秋》代表孔子之“作”，而《易传》在方法论上总结了三代之“作”，皆为具有普遍方法论性质之“作”。

3 章学诚：《文史通义 · 卷一 · 易教上》，上海：上海古籍出版社，2008 年版，1 页。

"微言"显示任何可能生活所必须默认的天道，即保证生活得以成为可能生活的"存在秩序"（order of being）。所谓春秋大义，就在于以天道为准去鉴别什么是可变的秩序或什么是不可变的秩序[1]。显然，并非任何秩序都不得改变（否则"汤武革命"的合法性就无法解释了），而是说，改变秩序也必须符合天道[2]。孔子将"配天"的形而上原则贯彻为历史原则，于是，历史与思想为一，所谓"古人未尝离事而言理"[3]，进而，历史性成为思想的核心问题，而六经也就成为了中国的圣"经"。

---

1 《礼记·大传》："圣人南面而治天下，必自人道始矣。立权度量，考文章，改正朔，易服色，殊徽号，异器械，别衣服，此其所得与民变革者也。其不可得变革者则有矣：亲亲也，尊尊也，长长也，男女有别，此其不可得与民变革者也。"

2 例如，《春秋》中"弑君"的表述所蕴涵的逻辑意义是：（1）存在着一个如此这般的谋杀君主的事实；并且（2）一种共同默认的秩序被破坏了。既然是共同默认的秩序，为什么还需要再次显现？因为秩序的破坏者并非准备破坏社会秩序，只是试图取而代之，因此，再次显现或提醒共同所默认（包括夺权者在内）的社会秩序就是暴露弑君的非法性。没有一个秩序破坏者愿意他人同样效仿其道，可见，秩序破坏者试图获得法外特权是非法的。

3 章学诚：《文史通义·卷一·易教上》，上海：上海古籍出版社，2008 年版，1 页。

历史所述虽是以往之事，但历史的意义却在于未来。如无未来，历史的意义就不再生长，过去也就被封存在完成式的往事履历里，而不再生长的历史就变成了与生活相分离的古迹，也就对生活无所说明，正如不能生长的谷物对生活毫无贡献。何为历史的终结？就是否定了作为可能性的未来性，而告别了可能性，也就告别了意义世界——所有意义皆由可能性所定义，而必然性定义的是真理。问题是，一个只有真理的世界正是一个无意义的世界。一种无意义的存在本身也有由因果关系所造成的变化，但此种必然的因果变化否定了可能性，虽有未来，却不再有未来性，只有无尽的时间。可能性所蕴涵的意义只在“古今”的变化语境中才生成未来性，即，与“古今”形成意义相关的可能性才意味着未来性，也可以说，只有构成命运的可能性才是未来性。

时间意识是以永远流动的此时为定点而产生的对称的过去和未来意识。与“过去—现在—未来”三分法的主观时态不同，“古—今”二分概念表达的是历史时态，是对历史性的划分，却不是对时间性的划分——未来尚未到场，因此落在“古今”之外。尽管未来落在“古今”之外，却是“古今”的全部意义之所在：如果没有未来，“今”就是终止符，而“古”也随之失去意义，因为意义的生死在于是否能够生长和延伸，比如说，一种完全无法解读的古代文字的意义就是被封存的死意义，无非是遗迹，却不再是可资利用的遗产。中国另有表达时间性的概念：昔与来（或曰：往与来）。不过，昔与来既不是意识的主观时间知觉，也不是自然时间概念，而是对自然变迁的记忆与预告，尽管不是历史，却也是一种对“自然史”的刻画而近乎历史，或许预示了“古今”的历史意识。究其根源，甲骨文“昔”的字形为，上部是水波纹，下部为日，或上下结构颠倒，而其暗喻不变。通常的猜测是，昔之图形暗示了对过去大洪水的记忆[1]。可以想象，对于中原初民，曾经的大洪水是何等深刻的印记，理当可用于标志过去时。另外，昔的结构似乎也可以形而上地理解为“逝者如斯夫”的孔子式的感觉，同样有理

1　徐中舒主编：《甲骨文字典》，成都：四川辞书出版社，2014 年版，725 页。

由用于提示过去时。甲骨文“来”的字形为，学者们有着大致共识，应该是农作物的象形，通常认为是麦子[1]。农作物之说肯定为真，而麦子的认定却非必真，只是非常可能。商代已有麦子，但那时麦子仍然不是最主要的农作物，也不是最古老的农作物。但这是无关紧要的细节，重要的是农作物暗喻劳作—收获的过程。谷物的生长意味着一种可以期待的收获，尽管是否如期收获，还有待天公作美，因此，劳作赋予未来一个新身份：未来即可期待的可能性。于是，未来的含义溢出了自然时间概念，可能的未来区别于如期兑现的必然未来：日出日落的明天无须与人商量，无论是否期待，都将如期而至[2]，而麦子是个事先张扬的预告，如果没有得罪天公、蝗虫和龙王，就会成为现实。因此，麦子所定义的未来概念意味着命运问题，而命运指向历史。

1　徐中舒主编：《甲骨文字典》，成都：四川辞书出版社，2014 年版，616 页。

2　自休谟以来的经验主义认为，一直重复的经验也不能用于证明同样的事情会必然如期而至，例如日落日出并非绝对必然。这种理解在科学上是正确的。不过这里讨论的是假定自然一切正常情况下的生活情境。

“过去”是个知识论问题，“未来”却是个形而上学问题。未来尚未存在，因此未来不是一个知识对象，可是未来又是一个不得不思考谋划的问题，因此是一个形而上学问题。墨子说过一句意味深长的话：“谋而不得则以往知来，以见知隐。”[1]未来具有不确定的多种可能性，并非人谋所能先定，所谓谋事在人成事在天，但既然人必须谋划未来，就只能借助过去经验，以可见之现实性去理解不可见之可能性。这意味着，作为形而上学问题的未来不可能有一个必然答案，但却可以有一个历史的解决，即化形而上学问题为历史问题。以经验期待未来就像期待麦子的成熟，劳作理应有收获，但仍有待风调雨顺。即使在经验非常稳定因而宝贵如金的古代，以往知来也并不完全可靠，因此，未来从根本上说是一个必须时时与之商量的对象，经验便是与未来进行商量的本钱，但在形势变化而经验失灵之时，就必须对存在方式有所创作，重新定义未来的可能路径，同时就是创造历史，所以说，存在论也是创世论。墨子的“以往知来”只说

1 《墨子 · 非攻中》。

出了未来问题之一半，问题另一半是“以作开来”。

“作”的问题超越了“昔—来”的自然结构而展开了“古—今”的历史维度：未来之“到来”不仅需要根据经验之推去等待，也需要创制之作去开启。“作”使无为之存在（being）成为有为之变在（becoming），“作”既是存在状态的断裂也是对存在的接续，它使均匀时序（chronos）变成起伏时刻（kairos），在此，时间有了节奏而变成历史。因“来”而“作”构成了存在论的核心问题：只有当“来时”并非过去的复制，而是以“作”为变量的继续存在，存在才有了历史。“来”与“作”的关系所定义的存在论是知识论和形而上学的交汇点，也是时间问题和历史问题的转换点。“作”正是形成存在论转换的变量，因此“作”使时间获得了“古今”的历史刻度，就是说，任何未来都将因为“作”而化为“古今”。自然生活本来只有“昔与来”的时间尺度，而“作”定义了“古”与“今”的历史尺度，即在“昔—来”的自然结构上建构了“古—今”的历史结构，于是形成了自然时间与历史时间的双重时间意识。

古今概念的深义也已经蕴涵于古文字中。甲骨文的“古”字，最早为，后来为，上部竖形之原义就是十，所以后来转化为“十”的字形，意思是立中，似乎暗喻正位定时，根据冯时的分析[1]，乃源于立表测影，是表达中心与四方的图形；古字下部为口，口所能言之事皆为前事，与十字结合，其意便是口言四方之前事，所谓古也[2]。甲骨文“今”字为，象征木铎，即古时一种木舌铜铃，王者或令官用来发号施令[3]。颁布法令的时刻就是“今”，意指从今往后必当如此这般。可见，“今”的意义不仅是此时，更是以作开来的时刻（kairos），所以，与其说“今”是时间刻度，不如说是历史刻度。能够称为“今”的创制必定意味着一种事情、一种生活或一种制度的开始，因此，“今”是蕴涵未来性的历史时态，即作为历史时态的“当代性”（contemporariness），而不是作为

1　冯时：《中国古代的天文与人文》，北京：中国社会科学出版社，2006年版，9~13页。

2　另据马如森，谓十口相传之事为前事。见《殷墟甲骨文实用字典》，上海：上海大学出版社，2014年版，57页。

3　徐中舒主编：《甲骨文字典》，成都：四川辞书出版社，2014年版，574页。

时间时态的“现时性”(presentness)。

“古”与“今”都是根据“作”而定义的历史时态，分别指称过去完成时的历史创制和现在完成进行时的历史创制，因此与“昔—来”的自然时态之间存在着时间错位。如果一种生活尚未发生社会性或制度性的改变，没有新“作”，那么在历史时态上就仍然属于“古”，尽管在时间时态上是现在时。以古今概念去定义历史时态，则一段自然时间可以很长而其历史很短，或相反，一段自然时间很短而其历史很长。如果一个制度或一种精神一直不变，也就一直具有作为“今”的当代性。比如说，对于西方而言，圣保罗开创的普遍主义传统就至今仍然是一种处于活跃状态的精神模式，因而具有当代性，阿兰·巴丢论证过这件事情[1]。准确地说,“今”的概念比“当代性”更清楚明确地表达了“当代时态”，因为“今”明确蕴涵了与之一致的未来，而“当代性”强调的是与时

1　参见 Alain Badiou: *Saint Paul: The foundation of universalism.* Tr. Ray Brassier, Stanford university press, 2003.（阿兰·巴丢:《圣保罗》，桂林：漓江出版社，2015 年版。——编者注）

间进度一致，却未能完全表达“今”所蕴涵的未来性。

就中国之古今而言，司马迁所研究的“古今”是周秦之变，这不仅仅是改朝换代，而是制度改变，所以是历史时态的改变，远远不止是时间的流失。按照汉朝人的理解，自黄帝、尧、舜至秦始皇之前的政治社会制度一直不变，即天下封建制度，所以一直都属于“古”（秦汉人的这个理解并不准确，但无伤大雅。天下封建制度实为周朝创制，周朝之前只是万国盟约体系[1]）；秦始皇改诸侯封建为郡县一统，这个制度巨变是具有历史性之“作”，力度堪比周公之“作”，相对于“古”的历史时态，秦开创了“今”的历史时态。假如单以制度变迁论古今，那么，秦以来至司马迁目睹的时代一直都属于“今”，司马迁之后两千年也仍然属于秦汉制度之“今”，尽管两千年间风云多变，但基本制度未变，所以仍然属于秦汉之今。秦汉之“今”终结于清末而变成了“古”，但现代中国之“今”却是一个自康梁以来一直尚未定型

1 详见赵汀阳:《天下的当代性》，北京：中信出版社，2016年版，第一章。

之“今”，因此，百年来中国为之困扰的各种问题依然如新，仍然活跃于现代中国之“今”的历史时态中。更为复杂的问题是，全球化游戏又将现代中国深深卷入世界共享之“今”，于是，此时的中国身处两种“今”的历史时态，同时从事两种历史之“作”，此乃未有之事，而未来却不可知。

中国虽久历磨难而万变不离其宗，其中自有运气之助，但也是天命。天命是个带有神话性质的古词，如前所述，以今天的理解，天命即方法。中国“以变而在”的方法基于中国的存在论、方法论和历史观三者一体，即“道”、“作”与“述”三者的一贯性，以其核心概念而言，则是变化、变通与通变三者之一致性。其中，存在论为体，方法论为用，历史观则是对存在论与方法论的自觉意识和自述。以变而在的方法之所以可以成为天命的证词，就是因为此种方法是一种应对万变之法，即能够容纳一切可能性的方法，因而不可能被解构。无法解构的存在方式就是天命。

《周易》蕴含的存在论正是一种关于“变在”的存在

论（ontology of becoming），其思路大异于关于“存在”的存在论（ontology of being）。作为名词的“存在”（the being）其实只有语法功能，并无实质意义。在实质上，存在只能是动词（to be），或者是动名词（to be being），因为存在的状态是变在（to be becoming）。变在的核心问题是如何实现存在的本意，即存在何以永在，所谓“生生”的问题。生生在实质上是一个关于未来的问题，而未来由无数可能性组成，因此，存在就是存在于可能变化之中，于是，存在论研究的是如何有效存在的方法论，古人谓之“道”，可谓传神。有效的存在之道就是“变通”之法，变通的要义在于与变化协调一致，随变而变，与变化保持相对不变关系而得以在变化中善在，是为变化与不变合体之易道。因此，变通不仅能够善在，而且也使存在变得更有容量，以至于能够应付万变，而能应付万变，存在才得以不变。老子的《道德经》以“水”为隐喻阐述了应变之道：效果最优的存在方式就是如水一般随形而成，随机而遇，以柔克刚。深入人心的“水的方法论”或能解释中国何以善变而善存。作为生长方法的中国具有变在的无限性，是以中国能够像一个“世界”那样存在，具有“世界性”的容纳能力，能以“不是之是”的方式生长。

与变在存在论及变通方法论相应的历史观就是“通变”观，即司马迁所谓“通古今之变”的历史理解。通者，贯通古今为一而存之也，或者说，贯通乃是古之当代性与今之当代性并存相会的方式。既然贯通古今，今就不是对古的否定或摒弃，甚至不是所谓“扬弃”[1]，而是化古为今而使“今”日益丰富。如果只是变而没有化，就是断裂而无接续，同样，如果不能化古之经验为今之资源，那么，日新就变成日损，更新越快，历史就越短，意义就越贫乏。因此，古为今之线索，今为古之续作，今虽为新作，必藏古意，此乃“维新”之正义。“维新”虽是制度或技术革命，其深层意图在于续命，即遵从存在之永在本意。通古今而成维新之历史，正应生生不息

1 扬弃是黑格尔的概念，弃弊存利之谓，近乎进步观念。貌似合理，实则含混不清。何为弊？何为利？根据什么标准？谁的标准？标准又如何确定？还有标准之标准吗？

的变在之道。可见，通变的历史观既与退化论历史观不相干，也与现代进步论历史观不兼容，应该说，通变历史观对历史的理解完全不在进步论或退步论的框架之内[1]。

需要注意的是，作为现象描述的进步或退步概念与作为理论的进步论或退步论完全不同，断不可混为一谈。作为描述，进步或退步是显然无疑的现象，比如说，今日的技术比之远古技术，进步何止百倍，而今日的诗词比之唐宋，差距或超千里。与之不同，进步论或退步论都是预定论，其变种说法是客观规律论，都以为未来是先定的，或者以为历史有其最终目的或终点，或者相信有某种固定的循环格式，此类关于未来的无证据断言都是对未来之未来性的否定，而否定了无限可能性所定义的未来性，就等于取消了未来概念的意义。尤其是启蒙以来的现代进步论，如果滥用于科学技术之外的任何方面（包括制度、艺术、价值观等），就变成一种反历史

1　古代历史观常有退化论或循环论，如《礼运》退化论，五德循环论，柏拉图退化论，斯多葛循环论，如此等等。不知道退化以及循环现象是否为古人的一种直观印象，似乎是一种未经反思的自然感觉。但《周易》之无限变化历史观和现代进步论都是理性思维的产品，各有理据。

观。假如新文化是否定旧文化的理由，历史就无法积累智慧和保存意义，因为每个现时都只是通向下一个时刻的功能性工具，都难逃被下一个时刻所否定的命运[1]，而当历史的意义在加速度的否定中烟消云散，历史就会加速度地萎缩为意义稍纵即逝的一瞬。

基于变在存在论的历史观建立的是一种无限开放而同时无限积累的通变历史性，其历史时态虽是古今二维，但关键点在于“今”。“今”是主动状态，一方面收纳古之智慧，将作古之事的意义转世为今；另一方面以作开来而保持动态的当代性，所谓熔古铸今。“今”的概念定义了不同于自然意识的历史时间流向。自然意识的时间流向或是从过去流经现在至未来，或是从未来流经现在而至过去，而“今”却使历史时间一方面从过去流向现在，另一方面从未来流向现在，即时间从两个方向一起流向“今”而使“今”成为时间的聚点。如果说，放眼四方之

1　正如伯克所指出的，那些现代革命者之所为“留给他们后人的是一片废墟，而不是住宅，并且教导后人不尊重他们的设计，就像他们自己不尊重前人的制度一样”。见《法国革命论》，北京：商务印书馆，1998 年版，127 页。

“地中”是定位中国的一个有建构能力的想象，双向开放之今作为“时中”，则是建构中国持久存在的通变意识，通变之意在于使“今”扎根深厚而生长有力。“变通”之中国历史正是在“通变”之中国历史观之中达到了对自身的自觉意识，而中国的故事还在继续。

一个称为“忒修斯之船”（The Ship of Theseus）的希腊故事说，一条木船有的木板破旧了，就置换了新木板，如此不断置换下去，终于这条木船的每块木板都更换过了，没有一块木板是原来的木板，可是这条木船看上去还是原来的那条木船……。